生育意愿与生育行为的影响因素研究
——对特定职业女性群体的分析

沈 笛 著

吉林大学出版社
·长 春·

图书在版编目（CIP）数据

生育意愿与生育行为的影响因素研究：对特定职业女性群体的分析 / 沈笛著. —长春：吉林大学出版社，2023.6
ISBN 978-7-5768-1762-1

Ⅰ.①生… Ⅱ.①沈… Ⅲ.①生育－社会问题－研究－中国 Ⅳ.①C924.24

中国国家版本馆CIP数据核字(2023)第102413号

书　　名：生育意愿与生育行为的影响因素研究
——对特定职业女性群体的分析
SHENGYU YIYUAN YU SHENGYU XINGWEI DE YINGXIANG YINSU YANJIU： DUI TEDING ZHIYE NÜ XING QUNTI DE FENXI

作　　者：沈　笛
策划编辑：黄国彬
责任编辑：于　莹
责任校对：甄志忠
装帧设计：姜　文
出版发行：吉林大学出版社
社　　址：长春市人民大街4059号
邮政编码：130021
发行电话：0431－89580028/29/21
网　　址：http://www.jlup.com.cn
电子邮箱：jldxcbs@sina.com
印　　刷：天津鑫恒彩印刷有限公司
开　　本：787mm×1092mm　1/16
印　　张：12.75
字　　数：180千字
版　　次：2024年5月　第1版
印　　次：2024年5月　第1次
书　　号：ISBN 978-7-5768-1762-1
定　　价：58.00元

版权所有　翻印必究

序 言

　　生育意愿在社会科学界的众多有关研究中，一直受到了广泛且特别的研究关注。生育意愿的变化既影响了社会生育率变动的趋势，也决定着个体在面临生育决策时的选择空间。自20世纪后半叶开始，中国的人口状况经历了快速转变的过程，生育政策、社会经济以及社会文化等因素深深影响着家庭的生育选择。数十年的严格生育政策的背景下，家庭在生育方面基本没有选择的空间，女性群体的生育意愿趋同于政策明确的生育数量。在这一阶段，政策因素在与其他社会、经济、文化因素交织的过程中占据了主导地位，难以存在女性面临生育决策时的选择偏好和空间。长期的政策性低生育水平形成了大量的独生子女群体，在生育政策逐步放开后，越来越多的独生子女夫妇符合政策可以生育两个或更多孩子时，他们的生育选择有了更大的空间，个人观念和偏好在决策过程中影响越来越大，生育意愿和生育行为的研究对于整体人口的趋势而言意义凸显。其中，值得关注的是体制内女性群体，这一在历史时期因中国的特殊国情而产生的群体，因独生子女政策的贯彻而受到了来自工作单位的约束，严格执行了"一夫一妻生育一个孩子"的政策行为。当二孩政策实施以后，在家庭自主选择生育的空间下，这一群体的生育选择倾向是否会发生重要变化备受研究者的关注。

　　该书主要以体制内女性群体为研究对象，围绕这一群体的生育意愿与生育行为进行了实证研究。当前学术界对女性生育意愿及其影响因素展开较为深入的研究已久，主要集中探究了个体客观因素（年龄、性别、健康、学历等）、个体心理因素以及社会因素等（所处地区、文化观点等）的主要影响，而将在体制内工作纳入控制变量的研究还不多见。在经济高速发展的现代社会，工作的稳定程度不仅成了家庭在面临生育决策时的重要因素，更对整体的人口形势和未来政策的优化意义显著。因此，该书选取体制内女性群体为研究对象，利用了大样本的家庭追踪调查进行分析，使用了数据分析和个案访谈的多种研究方法，对该群体生育意愿和生育行为影响因素及二者差异进行了分析，以了解这一群体的生育动机和社会心态，独到的研究视角为生育政策的优化提供了理论支持与现实依据。

家庭是社会的基本单位，生育不但是家庭的重要功能，更是将家庭与社会组织紧密联结的有效环节。生育意愿从来都不是纯粹的主观臆想，生育行为也不能是个人的恣意而为。生育的本质是社会性的，人类在漫长的历史进程中，不仅由物质资料生产能力与水平推动着发展，而且更为内在的是由人类自身生产的不断提升助推了进步。今天回望我们国家的计划生育政策，放在当时的社会发展水平上看，就能探寻到它的历史必然性和客观合理性。当然，一项政策的实行，有它自身的生命周期，伴随着改革开放，面临着不断变化的人口形势，及时有效地调整、完善政策与制度，发挥好政策的引导作用和制度的保障作用，亦是理论工作者应该挑起的社会责任。面对二孩政策及其相关配套政策的不断实施和完善，实践总结与理论探索还是一项正在路上的工作，怎样让育龄女性乃至全社会对生育意愿不断提升、生育行为不断落实，还需要我们持续地关注、发掘，真正让人口事业健康迈进。

正因如此，本书的研究不仅有理论意义，还有很强烈的实践价值。社会学博士阶段的学习和培养，不仅需要其掌握丰富的社会学理论知识，更需要较为丰富的社会历练。对于社会科学研究者而言，选择研究主题并展开调研，是一个需要耐心和细心的打磨过程。沈笛在博士阶段，长期关注、研究此问题，先后到长春客车厂、中国石油乙烯分公司等国企做调研，对体制内工作的女性进行访谈，充分聆听她们生育经历背后的故事，积累了丰富的资料。在探析研究问题的过程中，用她所学专业，运用大量实证材料，采用规范的研究方法，有理有据地分析论证了"生育意愿"与"生育行为"，得出了自己的一些结论，并提出了一些有益的建议。当然，由于这是一个"正在路上"的行进性问题，因此，从某个或某些横截面上去探讨此问题，难免会存在挂一漏

序 言

万的不足，这也正是继续研究、深入开掘的生长点。值得一提的事，沈笛在学期间，两赴德国图宾根大学，分别进行了短期和长期的交流学习，收获了理论研究经验。这部学术著作作为博士学习阶段的最终研究成果，展示了沈笛读书期间的刻苦努力，更展示了她聪颖的天资和强大的自学能力。但是，作为研究阶段的开端，沈笛未来的学术之旅还很长，仍会面临不计其数的难题与挑战。希望我的爱徒未来仍将在学术研究领域业精于勤、焚膏继晷，成为社会学界的有用之才。

是为序。

张金荣

2023 年 2 月 2 日于家中

前　言

本书由笔者的博士论文《生育意愿与生育行为的影响因素研究——对体制内职业女性群体的分析》改写而成，因此，我首先要在此处对题目修改后的"特定女性职业群体"进行说明。本书题目中的"特定职业女性群体"一方面代表了在国家机关、国有企业以及事业单位等组织中工作的女性群体，另一方面限定了代表体制内具有稳定性和安全感的工作性质及福利基础。因此，本书提出的"特定职业女性群体"主要在研究中代表"体制内女性群体"。

在执笔改写本书时，距离笔者博士毕业已有3年。国家"十四五"时期为了积极应对人口老龄化、促进人口的均衡发展，中共中央为进一步优化生育政策，于2021年7月20日发布了《中共中央国务院关于优化生育政策促进人口长期均衡发展的决定》，提出了全面实施"三孩政策"及配套支持的重大决策。这次生育政策的调整，是继2013年年底启动"单独二孩"政策和2016年实施"全面二孩"政策之后，国家针对人口的整体发展形势而作出的重大决策。生育政策的调整，对国家经济发展、社会保障以及配套服务供给提出了新的要求和挑战。三孩政策出台之时，本书的研究早已结束，书中也因此没有涉及有关三孩生育意愿的数据和研究分析。这实质上也成了本研究中的缺憾。然而，在生育政策的系列转变中获取研究经验，不仅能为在二孩政策的研究背景下获得研究结论提供理论与实践依据，同时也可以为理解三孩政策的意义及未来实施效果提供一定的研究基础。

在2014—2019年的博士学习期间，恰逢生育政策从"单独二孩"到"全面二孩"的转变，围绕生育政策有关的内容研究引发了我的研究兴趣。作为在体制内家庭成长的独生子女一代，自小笔者就耳濡目染家人对"计划生育"内容的讨论。母亲单位的计生部门曾采取很多办法与途径紧盯适育龄女职工的"肚子"，以监督和保障独生子女政策的落实。大家从一开始的"想生却不敢生、不能生"，到生了孩子之后觉得"一个也不错"，再到对政策宣传的理解与认同，主观觉得"少生、优生、晚生"的生育文化是正确的引导。长期的独生子女政策一方面深深影响了家庭和社会人口结构，另一方面也为独生子女一代及其家庭带来了生活模式、关系交往和社会参与等方面的转变。

笔者对现实生育意愿、生育决策和生育行为的关注缘于生育时代与生育政策的背景转变。20世纪70年代以来，中国推行了一系列的生育政策，深深影响着人口的变动和社会经济的发展。改革开放以前，人口的迅速增长成了经济社会发展的羁绊，计划生育政策的实施，实现了整体生育水平和人口增长模式的转变。但是，出生人口骤减之后伴随而来的是长期低于更替水平的生育率，严重失衡的性别比和严峻的老龄化问题。在此背景下，国家经过两次生育政策的重大调整，制定与施行了"全面二孩政策"。生育政策的放开引发了学界更多的关注和讨论，学者普遍认为，全面二孩政策是基于中国的人口形势与社会需求提出的，有助于改善人口趋势和人口结构。目前，针对生育政策影响的目标群体研究多集中在对城乡、年龄、受教育水平和地区的划分，而对于不同工作性质的群体关注相对较少。体制内女性群体是中国实际国情产生的特殊群体。在计划生育时期，政府机关、国企、事业单位和党政团体等单位严格执行计生政策，对单位成员的生育行为进行强制约束，一旦违反计生政策将面临组织纪律上的惩罚，更为严重的情况是影响职业生涯和政治前景。而现如今，全面二孩政策放开以后，体制内女性群体成了符合政策人群中最值得关注的目标群体，在家庭自主选择生育的模式下，关注体制内群体的生育选择和相关影响因素可以了解这一群体的生育需求和文化观念，有助于判断人口形势和提出未来政策的优化方向。

生育，对个人而言是繁衍和抚育的结合，对家庭而言是功能的完善和家族的延续，对社会而言是结构的完整和继替。本书旨在对体制内女性生育意愿和生育行为的影响因素、生育意愿和生育行为的差异进行分析。根据学界以往的研究，针对体制内育龄女性的生育研究将从个体背景、家庭特征和实际婚育情况三个维度入手,探究群体的理想子女数和现实生育子女数的情况与差异,并试图解释影响生育意愿和行为的因素及影响生育意愿与生育行为差异的因素。本书沿用了 Miller 在20世纪90年代提出的生育意愿到生育行为的序列决策及作用过程,将个体背景、家庭特征和生育情况纳入分析框架,并在生育意愿和生育行为之间的差异情况中应用 Bonggarts 提出的六类因素分析背离的原因。除此之外,根据计划行为理论,本书将育龄女性的主观态度和生活满意度作为变量结合收入和受教育水平纳入对生育意愿与生育行为背离的分析中。

在研究方法的选取上,本书使用了定量研究和定性研究结合的混合研究方法,根据定量研究的逻辑结构和分析结果,将个案访谈内容置于对影响因素的研究中进行进一步的阐释。在定量研究层面,应用了北京大学中国社会科学调查中心发起的2014年中国家庭追踪调查(简称CFPS)数据库。根据本研究的研究议题,在数据库中选取了20~49岁的育龄女性,按照总体样本、体制外样本和体制内样本进行样本分类并分别进行回归分析。在第一部分的主体研究中,研究将理想子女数和现实子女数作为被解释变量,从个体特征、配偶信息、初婚初育情况和生育动机方面进行估计。通过与其他两个群体样本的比较分析,我们可以发现,体制内女性总体的生育意愿低于体制外女性,其实际生育的子女数因受到生育政策的影响也同样低于体制外女性。在影响因素方面,体制内女性的生育意愿与行为受到女性的年龄、婚姻状况、民族、受教育年限和家庭收入的显著影响。而反映生育观念的生育动机层面,体制内女性更是因偏向于传统和保守,"香火延续"在研究结果中对实际生育子女数作用显著。在第二部分关于生育意愿与生育行为的背离研究中,体制内女性的意愿与行为的差异集中在"生育意愿高于生育行为"和"生育意愿等同于生育行为"两个类型,且因受到计划生育政策和社会经济发展的共同影响,差异值不大。在相关因素的分析中,体制内育龄妇女的年龄、婚育年龄的推迟、性别偏好和收入是影响生育意愿与生育行为背离的重要因素。实际生育情况独特性的背后,体制内女性的生育意愿和生育观念一方面仍受独生子女政策的文化理念影响,表现为全面二孩政策实施后没有立即使该群体女性认同新型的生育文化。另一方面,体制内女性仍保留了一部分的集体意识,对国家有着越来越深的依赖性。随着生育成本和抚育成本的不断提高，国家现有配套生育政策还不能为现实需求提供有力的支持，体质内女性在面临生育选择时，仍会存在"不想生""不敢生"的想法。

　　本书综合了体制内育龄女性的实际生育情况和相关影响因素的分析，为未来人口的形势和相关政策的优化提供了多元的发展视角。从理论层面，对体制内群体和体制外群体样本分别作出了探析和对比，从个体、家庭、生育情况和主观动机方面对体制内育龄女性的生育意愿及行为进行解释，客观地反映其现实生育的诉求。实践层面，研究提供了育龄女性生育情况的现实依据，也同时为全面二孩政策的配套优化提供了发展策略及建议。

　　当然，学术研究对于体制内女性群体的生育意愿和生育行为的分析仍有无限的发展空间，社会的不断发展也让本书的"时效性"成了笔者的另一重顾虑。不过，生育政策所引发的社会影响和社会效应往往具有滞后性，不论是二孩政策还是三孩政策背景下的学术研究都是对政策未来回应的一种前瞻研究。因此，在之后的学术研究工作中，对生育问题的研究仍是笔者关心并努力的重点。目前，社会科学界的各位前辈及知名学者基于中国现实和中国经验产出了许多有关生育问题研究的丰硕知识与成果，有待笔者学习与求索的路程仍是漫长且阻滞。在下一阶段的生育意愿与生育行为的探究中，应然与实然的有机结合仍将是此类研究主题的方向。如有机会呈现之后的续篇或新篇，期待能给予读者更多的理论与现实依据。

沈　笛
2023 年 2 月 14 日

目 录

第1章 导论：生育时代背景的转变与生育研究的思考 ……………… (1)
  1.1 生育研究的选题缘起与生育时代转变的背景 ………………… (1)
    1.1.1 生育研究的选题缘起 ………………………………………… (1)
    1.1.2 生育时代转变的研究背景 …………………………………… (4)
  1.2 研究对象与问题 ……………………………………………………… (6)
    1.2.1 研究对象 ………………………………………………………… (6)
    1.2.2 研究问题 ………………………………………………………… (8)
  1.3 生育研究的相关概念界说 ………………………………………… (11)
  1.4 生育意愿与生育行为的研究意义 ………………………………… (13)
    1.4.1 生育意愿与生育行为研究的理论意义 …………………… (13)
    1.4.2 生育意愿与生育行为研究的现实意义 …………………… (15)

第2章 关于生育意愿与生育行为主题研究的梳理 ……………………… (16)
  2.1 关于生育决策研究的理论梳理 …………………………………… (16)
    2.1.1 经济层面的生育决策研究理论 …………………………… (16)
    2.1.2 社会层面的生育决策研究理论 …………………………… (19)
    2.1.3 心理层面的生育决策研究理论 …………………………… (22)
  2.2 关于生育意愿的研究 ……………………………………………… (24)
    2.2.1 关于生育意愿的脉络梳理 ………………………………… (24)
    2.2.2 关于对生育意愿影响因素的研究梳理 …………………… (27)
  2.3 生育行为与实际生育水平的主要研究 …………………………… (34)

2.4 生育意愿与生育行为之间的关系探讨 …………………… (36)
2.5 有关身体思想与生育行为的研究 …………………………… (37)
2.5.1 古典社会思想中的身体 ………………………………… (37)
2.5.2 身体理论的当代转向 …………………………………… (38)
2.5.3 女性身体的研究视域 …………………………………… (42)
2.6 对以往研究的回应 …………………………………………… (45)
2.6.1 研究呈现理论西化取向的特征 ………………………… (45)
2.6.2 个体性因素和社会性因素具有重要的影响力 ………… (46)
2.6.3 体制内职业群体研究有待拓展 ………………………… (47)
2.6.4 生育事件研究中对身体体验和身体经验的轻视 ……… (48)

第3章 特定职业女性生育意愿与生育行为研究的框架及方法 …… (50)
3.1 生育意愿与生育行为的影响因素、差异性内容及框架 …… (50)
3.1.1 生育意愿与生育行为的影响因素及差异性研究内容 … (50)
3.1.2 体制内女性生育意愿与生育行为的研究框架 ………… (51)
3.2 生育意愿与生育行为研究的类型与方法 …………………… (54)
3.2.1 生育意愿与生育行为的研究类型 ……………………… (55)
3.2.2 生育意愿与生育行为的研究方法 ……………………… (55)
3.2.3 关于体制内女性生育意愿与生育行为的研究伦理及局限
　　　 ………………………………………………………… (57)

第4章 生育意愿与生育行为研究的数据来源及操作化 …………… (59)
4.1 生育意愿与生育行为研究的数据来源 ……………………… (59)
4.2 生育意愿与生育行为研究的变量定义及其描述 …………… (60)
4.2.1 生育意愿与生育行为研究的因变量测量 ……………… (62)
4.2.2 生育意愿与生育行为研究的自变量定义及其描述 …… (64)
4.3 本章小结 ……………………………………………………… (66)

第5章 特定职业女性的生育意愿和生育行为的影响因素 ………… (67)
5.1 生育意愿和实际生育行为的情况 …………………………… (67)
5.1.1 不同雇主性质的女性群体的生育意愿和生育情况分布
　　　 ………………………………………………………… (68)

目　录

　　5.1.2　育龄女性的生育意愿和实际生育情况分布……………（71）
5.2　生育意愿影响因素的分析………………………………………（73）
　　5.2.1　总样本的回归结果………………………………………（74）
　　5.2.2　体制外女性群体样本的分析结果………………………（81）
　　5.2.3　体制内身份女性的回归结果……………………………（84）
5.3　生育行为的影响因素分析………………………………………（87）
　　5.3.1　总体女性样本的回归结果………………………………（87）
　　5.3.2　体制外身份女性的回归结果……………………………（91）
　　5.3.3　体制内身份女性的回归结果……………………………（94）
5.4　私人生活领域下的个体生育选择——体制内女性的主观生育诉求
　　　………………………………………………………………（97）
　　5.4.1　个人的选择与计划………………………………………（98）
　　5.4.2　体制内女性生育观念的多元化………………………（102）
　　5.4.3　体制内女性育儿观念差异的影响……………………（108）
　　5.4.4　生育选择中的决策"两难"：与父辈之争……………（111）
　　5.4.5　女性在夫妻关系中的决策主动权……………………（113）
　　5.4.6　婚育经历的影响与判断………………………………（114）
5.5　本章小结………………………………………………………（122）

第6章　生育意愿与生育行为的差异性研究……………………（123）

6.1　理想子女数和实际子女数的差异……………………………（123）
　　6.1.1　理想子女数和现实子女数的分布情况………………（124）
　　6.1.2　理想子女数和实际子女数差异类型分布……………（125）
6.2　生育意愿与生育行为差异的影响因素分析…………………（132）
　　6.2.1　总样本育龄女性估计结果……………………………（132）
　　6.2.2　体制外女性群体估计结果……………………………（138）
　　6.2.3　体制内女性群体估计结果……………………………（142）
6.3　生育意愿与生育行为的差异：理想与现实的博弈…………（146）
　　6.3.1　生育理想高于生育现实………………………………（147）
　　6.3.2　生育理想等于生育现实………………………………（152）

  6.4 本章小结 ··· (155)

第 7 章 结论与展望 ·· (157)
  7.1 研究结论及相关讨论 ··· (157)
    7.1.1 体制内群体生育情况的独特性 ······························· (157)
    7.1.2 体制内女性生育选择的个体自主性 ························· (159)
    7.1.3 多维度交织的影响因素 ·· (159)
  7.2 政策的优化方向 ·· (162)
    7.2.1 个体层面 ·· (162)
    7.2.2 社会层面 ·· (163)
    7.2.3 国家层面 ·· (163)
  7.3 研究的未来议题 ·· (165)

参考文献 ·· (166)

附录一 访谈提纲 ·· (182)

附录二 访谈对象基本情况列表 ··· (183)

后记一 ·· (187)

后记二 ·· (189)

第1章 导论：生育时代背景的转变与生育研究的思考

1.1 生育研究的选题缘起与生育时代转变的背景

1.1.1 生育研究的选题缘起

生育伴随着人类的繁衍、发展，直至当今社会，它的意义不仅超出了生命经历和血缘传承的涵盖范围，同时还对自然人口的更替与社会的完整运行有着重要意义。生育时代的转变过程中，中国的生育政策调整为社会的人口结构与人口发展带来了巨大的改变与影响，也必将为以后中国社会的各个方面带来新的后果。在若干次生育政策的实施中，独生子女政策对中国人口的影响结果和社会的影响结果相对巨大且深远，特别是改变了百姓千年来形成并传承的生育文化与生育观念，传统社会的"多子多福"观念转变为"生一个就很好"的观念，"少生优生""晚婚晚育"等观点更是成了绝大多数人都默认且自觉遵循的行动前提。体制作为一个具有中国国情特点的概念产物，在工作稳定程度、福利待遇以及医疗保障等方面深刻影响着体制内外工作者的生活差异性。女职工在面临生育的决策时，生活情境中各种因素的变化，特别是生育政策制度的约束，都会影响生育意愿、打算或者是态度的调整。作为人口研究的重要议题，国内外学术界针对计划生育政策的调整所带来的各种效应给予了高度关注。从生育意愿到生育行为，再到个体的生育观念与社会的生育率和生育文化等方面，社会科学界针对上述研究问题以及生育现象下隐藏的复杂的人口结构变化与社会问题等已进行了较为深入的分析和充分的探讨。

之所以选择这个主题进行研究和写作，主要有两方面的原因：一方面，

生育意愿与生育行为的影响因素研究——对特定职业女性群体的分析

作者成长于一个国企双职工的家庭环境，尽管父亲后期离职，但体制内的工作性质以及曾经的生育政策让母亲失去了第二次生育的选择空间。在父母几十年的体制内工作经历中，作者耳濡目染了双亲及其亲朋诸多面临生育选择的问题和故事，激发了作者对这个研究主体浓厚的兴趣与问题意识。另一方面，博士阶段的学习与调研中，经历了国家生育政策从"单独二孩"到"全面二孩"政策的调整与实施。于国家层面而言，生育政策的转变所面临并关切的是每年人口的出生率是否增加、增加多少。而生育之于在政策条件下的家庭而言，却是涉及了生与不生，生了以后如何养，生孩子之后的家庭关系、日常开销、生活方式等各个方面的决策。在同受访者交流的过程中，体制内工作的女性群体的生育经历和生育态度让作者印象深刻。让我们一起先来看几则访谈实录。

细想从刚进厂参加工作之后，很快就（与同单位的）爱人结婚生孩子了，中间我们两个人几乎没有经历过两个人的生活阶段。孩子现在13岁了，我们俩一心都扑在孩子的学习生活上。当时生宝宝时是独生子女政策么，就算是想再要（再生一个宝宝）也不允许，现在政策是允许了，但是我们也不能再要了。一来我这年龄也不小了，二是我们双职工家庭属于工薪阶层，本来收入就不是特别高，现在养个孩子成本真的不小，我们夫妻负担两个孩子有点困难。SY016

数一数从怀孕到现在，我做了十余次产检了（孕32周）。刚开始怀孕的时候卧床保胎了3个月，当时对于自己的饮食、行动（什么能吃、什么能做）非常小心，甚至有点儿焦虑。怀大宝时，可能因为她是个女孩吧，我几乎都没有孕吐，即使到了孕晚期也能吃好睡好。除了肚子大了一些，其他变化几乎没有。现在怀着二宝，腿抽筋、脚浮肿的厉害，孕晚期到来后耻骨痛、失眠让我难受得不行，几乎整个孕期一天24小时都窝在床上，不敢下地。怀孕之前我在单位现场的一线操作岗位，现在大龄怀孕之后休了很久的病假调理，因为岗位操作不能空缺，我就被单位调岗了，现在还不知道产假休完之后会去哪个岗位上班。而且病假期间只领基础工资，我们夫妇的收入降了一大半，孩子出生后又会增加一大笔花销，大宝加上二宝的花费真是给我们增加了不小的压力。SY002

第1章 导论：生育时代背景的转变与生育研究的思考

我跟我爱人现在正处于备孕状态，准备要第二个宝宝。前一阵去产前生殖中心做了全面的检查，医生发现我的甲功有些不太正常，检查指标中的促甲状腺激素一项略高于标准值，后经内分泌代谢科的医生诊断是亚临床甲减，让我吃一阵优甲乐调整一下激素。医生建议先把甲减控制平稳后再考虑备孕，因为甲减对胎儿生长发育的影响比较大。其实我们夫妻比较喜欢孩子，尤其是有了我儿子（第一个宝宝）之后的经历让我们体会到了为人父母的乐趣。第一胎的怀孕、生产到养育我们都比较顺利，当时怀孕没有什么不适感，生了孩子之后我父母和公婆轮流帮我们俩带宝宝，并没有遇到特别大的困难。孩子现在6岁了，我们俩就想着再要一个宝宝。只是没料到现在我的身体情况不适合立刻怀孕，也让我心里有了点压力，我们还是决定先听医生的建议调整甲功再备孕，如果后面我的状态（身体情况）还是不稳定，我们再商量看看是不是继续准备要二胎。SY001

上文中三位访谈对象分别围绕"不准备生二孩""二孩怀孕经历"以及"二孩备孕经历"等角度与笔者分享了自身的体会与感悟。在当今社会环境下，比起对于生育子女数量的追求，女性更在意生育过程中的切身感受。从孕前准备到怀孕中的状态再到生产后的护理及婴孩养育，每个阶段的各种因素都会影响生育的抉择，生命历程中发生的多数重要事件也都可能导致生育意愿和打算的调整。对于女性及其家庭而言，生育本应是一件较为私人化、家庭化的事件，但是细细想来，过往几十余年的计划生育政策将"生几个孩子""怎么生孩子"都做了规定，并对社会人口形成了规范性的影响，而作为生育主体的女性群体及其背后的家庭似乎没有多大的自主决策的空间。已有研究表明，婚后的生育行为是一项理性的选择。当前家庭内部传统的家务分工让女性群体既要在职场拥有合乎职务的劳动表现，也要一如既往地承担主要家务和育儿劳动。因此，尽管"全面二孩"政策实施后，二孩的出生规模和比例有了明显的增加，但随后的政策效果开始出现一定的下降并逐渐趋于稳定。也许对于国家和整体社会而言，个体的出生在宏观层面深刻影响了生育率和人口结构。但对于女性而言，成为妈妈的过程是一段刻骨铭心的经历，不论生育阶段对身体的损耗，还是养育阶段母亲身心的巨大付出，都是伴随着孩子的出生与成长的漫长过程。笔者希望能借助社会学的调查研究方法和相关知识，站在女性的立场，挖掘生育事件背后的故事，了解体制内工作的女性个人情感和家庭的经历，进而理解与关注体制内职业女性生育意愿，以及意愿与政策变化之间的关系，为未来社会生育形势以及生育政策的变化提供可能的解释。

1.1.2 生育时代转变的研究背景

不同的历史阶段，生育的意义和人类对生育态度有不同的特点。在传统的中国社会文化中，生育作为血缘关系的传承，完美地诠释了家族主义价值体系中的延续、扩大与完整家族及其功能的特点。自人类进入个体婚制阶段以来，男女两性通过孕育下一代子女，保证了后代的繁衍和社会的新陈代谢，完善了社会结构。在农业社会时期，家庭一直是绵延后嗣的重要基本单位，整体社会的生育文化十分强调子孙世代的重要性。古有墨翟"国家之富，人民之众，刑政之治"[①]；孟子"广土众民，君子欲之"[②]的政治思想主张，也有民间"多子多福""延续香火"的传统生育观念。随着时代的发展，中国传统的生育观念、生育行为和家庭结构都发生了重大改变。在进入现代社会后，经济水平的高速发展和社会生产力的大幅提升，人类的生产方式和生活方式都发生了质的飞跃。相应地，整体社会人口从数量的剧烈膨胀转变为出生率的逐渐降低，人口变化带来了一系列社会问题和环境困扰，也深深影响家庭关系与社会发展。此外，生育文化同时由传统观念向现代观念转变，逐渐形成了低数量的生育意愿和优质生育的价值观念，也形成了晚婚晚育的选择模式以及核心化的家庭结构。费孝通[③]认为，生育制度是人类种族延续的人为保障。求偶、结婚、抚育和性的关系，实现了人类性的需要，也规范了生育行为。由于个体对于生育行为可以人为地掌控或是干预，因此，只有依靠这样的社会化的规范，才能确保生命和种族的延续。婚姻形式限制了人类自然性的繁衍，夫妻双方在进入家庭角色之后，自然达成、明确了家庭分工的契约，并根据自己承担的家庭角色上的差异，共同分担生产劳动和家庭生活。在家庭关系发展的过程中，生育子女是家庭传承的重要纽带，也是家庭功能完善的必要经历。随着社会的发展，家庭自主生育成了当代主流的选择，传统的生

---

① 墨子. 墨子·尚贤上[M]. 方勇, 译注. 北京：中华书局, 2015：48-49.
② 孟子. 孟子·尽心上[M]. 万丽华, 蓝旭, 译注. 北京：中华书局, 2016：299.
③ 费孝通. 乡土中国·生育制度·乡土重建[M]. 北京：商务印书馆, 2011：153.

第1章 导论：生育时代背景的转变与生育研究的思考

育制度逐渐失去了效力，国家需要针对不同时期的国家综合生育情况和人口结构制定出相应的计划和政策，通过宏观的调控方式，来规范和引导人们的生育行为和观念。

自20世纪70年代开始，中国施行计划生育政策，提倡"一对夫妇只生育一个孩子"的观念。在当时，"人口基数大"和"增长速度快"的人口结构特点对社会和环境都造成了压力，"一个孩子"的政策迅速控制了中国整体的人口出生率，改变并形成了"四二一"为主的核心家庭结构。然而，伴随全球化经济的发展和中国社会结构的巨大变迁，城市化的扩张和现代化步伐的日益推进，加之计划生育政策的规范，根据人口学的研究发现，自1990年后，我国整体的生育水平已连续20多年位于更替水平以下。[①] 相伴而来的是社会人口的快速老龄化和诸多社会问题。不但人口形势发生了重大转折，生育观念和意愿也随着发生了巨大改变。于是，在独生子女政策实行了三十多年之后，在2013年党的十八届三中全会中，决定启动实施"单独二孩"政策，针对夫妻双方为独生子女的家庭，开放了二胎制度。随后在2015年党的十八届五中全会中，颁布了"全面实施一对夫妇可生育两个孩子"的政策决定，彻底放开对二胎的生育限制，以促进人口均衡的发展，即"全面二孩"政策。生育政策的接连调整，特别是在"单独二孩"政策颁布两年之后迅速实施了"全面二孩"政策，体现了国家期待改善人口结构、缓解人口老龄化和补充未来社会劳动力的目的。在生育政策的几次转变和调整过程中，值得关注的是，工作在体制内（政府、党政机关团体、事业单位和国企等）的群体受到了非常大的影响。由于体制内群体工作性质和工作环境的特殊性，在计划生育政策严格控制的时期，他们受到了组织对于生育行为强有力的约束，甚至是惩罚。一旦违反了计生政策的规定，工作在政府机关、事业单位、国有企业的体制内群体除了面临经济上的惩罚，还会危及自己的职业生涯与政治前途。[②] 由于在过去三十几年受到生育政策的强制规范，这一群体的家庭结构特点基本上是"核心化"状态，

---

① 茅倬彦，罗昊. 符合二胎政策妇女的生育意愿和生育行为差异——基于计划行为理论的实证研究[J]. 人口研究，2013，37(01)：84-93.

② 刘传辉，何兴邦. 体制内身份、生育选择和全面二孩政策优化——来自中国的证据[J]. 四川师范大学学报（社会科学版），2016，43(06)：98-105.

也就是夫妻双方无特殊情况基本只孕育一个孩子。所以，在生育政策放开后，失去了组织的管控和对生育的限制，处于体制内工作身份的家庭对于生育的意愿理应格外强烈，但是市场经济的发展与国企改革制度让"单位"减少了很多在家庭生育方面的责任分担，体制内群体生育和养育模式也逐步转为由个体家庭全部承担。尽管如此，体制内工作的稳定性仍给了这一群体不同于其他工作性质的保障，因此，关注这一群体女性的生育意愿不仅可以及时了解其背后的生育观念，更可以从政策实施的效果中判断该群体女性生育打算和意愿的影响因素，充分了解个体生育意愿与社会生育文化的关系，对政策的评估与未来优化意义深远。体制内女性群体有着稳定的工作前景和相对优越的福利，所以在生育孩子的过程中可以依照国家规定享受生育保险、生育津贴和产假制度，并且不用担忧因生孩子而带来职业生涯的终止。排除了职业女性面临的最高风险，体制内女性群体在二孩政策全面开放后，生育意愿是否会有政策所期待的改变？哪些因素影响了体制内女性的生育意愿和生育选择？研究结合了时代的变迁、生育环境的改变和宏观政策的调整，考察体制内群体的生育情况和生育意愿，了解这一群体在政策调整后生育选择和个体主观幸福感变化，以求衡量生育政策对于整体社会生育需求的契合度，满足人类社会性的需求，从而更好地完善生育制度对于人类繁衍的规范功能，促进人口的均衡协调发展。

1.2 研究对象与研究问题

1.2.1 研究对象

本研究选择拥有体制内身份的女性群体为研究对象，集中定位于这一群体中的适育龄女性(20~49岁)，在生育选择的过程中，哪些因素影响了他们的意愿和实际行为的变动与发展，探究其生育意愿与实际行为的差异，分析生育行为与主观幸福感的关系。体制内的职业类型，源自"单位制"时期的特殊工作性质，尽管单位改革之后"单位人"由终身制转向了聘用制，但是，对于工作在国企、事业单位、政府、党政机关团体等体制内单位的群体而言，仍然拥有着相较其他工作的良好福利待遇和稳定的职业前景。即便是因生育导致了职业中断，体制内职业女性也可以享受带薪休假，并且在产假后回归

第1章 导论：生育时代背景的转变与生育研究的思考

到工作岗位，不用担忧如何重新回归劳动力市场。根据2011年西南财经大学中国家庭金融调查(CHFS)的数据及结果显示，在符合全面二孩政策的目标群体中，体制内家庭的比例占到了24%。[①] 面对如此庞大的群体，关注其生育选择对于"全面二孩"生育政策的落实和国家整体生育水平的提高有着至关重要的意义。与非体制内家庭相比，体制内群体的工作环境和性质相对舒适和稳定，福利待遇优厚，并且非特殊情况下不会轻易做出变动工作的选择。在单位制的发展和变迁中，尽管单位对于单位人的庇护和承担在弱化，但是仍旧提供了相对体制外工作格外稳定的福利和依靠。在计划生育时期，由于计生政策的强制管控，体制内群体家庭的家庭结构、亲子生活、观念认知和社会心态都产生了重大转变。随着生育政策的逐步开放，我们需要从上述几个方面去了解这一群体的生育意愿及原因，并贴合其需求作出新的解释。

从社会生育政策变动的角度来看，控制生育与鼓励生育的执行效率和结果存在着相对较大的差异。自20世纪70年代以来，中国逐步推行计划生育政策并逐步收紧对人口增长的控制。1991年，由中共中央、国务院发布《关于加强计划生育工作严格控制人口增长的决定》（以下简称"《决定》"），全面阐述了当时的"现行生育政策"。《决定》指出，我们把实行计划生育，控制人口增长，提高人口素质作为我国一项长期的基本国策。同时，进一步明确了计划生育政策，提倡晚婚晚育，少生优生，并提倡一对夫妇只生一个孩子。在计划生育政策的推行实施中，针对"体制内"群体，因惩罚措施的严厉，具有更为严格的约束。如果违反了计划生育的规定，具有单位身份的群体除了将面临经济上的惩罚，也会危及自身的职业生涯和政治前景。在机会成本如此高昂的状况下，体制内的人员不会轻易选择放弃工作机会和职业前途。究其原因，第一，"单位"赋予了"单位人"稳定的工作收入、福利待遇和终身的工作机会。为了赢得体制内工作，多数人需要通过一系列考试和激烈的竞争来赢得进入体制内的机会，因此，"单位人"不会轻易放弃单位身份。第二，体制内的工作性质决定了工作变动的不易和离职再就业的困难。尽管有一部分人

[①] 刘传辉，何兴邦. 体制内身份、生育选择和全面二孩政策优化——来自中国的证据[J]. 四川师范大学学报（社会科学版），2016，43(06)：98-105.

有意愿离开体制内工作单位,但是并不能轻易地获得更好的工作机会和发展空间,这也使得这一部分群体选择放弃离开原单位的念头。第三,严厉的政策性处罚,使得"单位人"为了避免组织的处罚,严格遵守计划生育政策,并配合对女性的强制性节育措施。在计划生育政策实施至今的三十年中,生育政策随着社会情况的改变也做出了重大调整,国家于2013年开放了"单独二孩"政策,于2016年实施了"全面二孩"政策。生育政策对规定生育子女数的逐步放宽,使体制内群体失去了先前政策中的强制约束,能自主、自由地表达自身的生育偏好、作出生育选择和安排继续生育的时间。在对这一群体的生育选择的研究中,不应只拘泥于探讨生育意愿和行为的影响因素,还要结合体制内群体对生育的观念认知和文化意识,分析生育意愿和实际生育行为的差异,尝试解释生育与主观幸福感的关系。

单位制家庭的集体记忆与生育选择成了不同时代社会的镜像。在关注体制内群体女性的生育选择的同时,也不能忽略家庭对于这一女性群体的影响。核心家庭结构中,最直接左右女性选择的角色就是配偶。在既定的家庭环境以外,我们也不能忽略工作单位、亲人、同伴以及其他相关因素。研究希望通过对工作在体制内的女性群体的生育意愿和生育行为影响因素及二者差异的分析,了解体制内女性的社会心态和生育动机,以求满足这一女性群体的需求,并为生育政策打开后的前景优化找到理论支持和现实依据。

1.2.2 研究问题

本书将研究问题聚焦于体制内职业女性的生育问题,并结合家庭代际关系间的互动视角。在中国的社会转型中,伴随着工业化和城市化的进程,家庭结构和亲子关系都发生了变动。相关的人口与生育政策直接影响了人们的生育需求和生育观念,不同政策的生育动机也不相同,所追求的孩子数量、质量也都不一样。[①] 计划生育政策带来的最明显的变化是中国从多子女模式走向独生子女模式。在计划生育政策推行的30余年当中,不论是城市居民还是农村居民,意愿子女数都随着年代的发展呈现一种缓慢下降的趋势。尽管城乡之间、不同地域之间由于经济发展水平和文化程度、背景的差异,意愿子

---

① 王树新. 人口与生育政策变动对代际关系的影响[J]. 人口与经济,2004(04):9-14.

第1章 导论：生育时代背景的转变与生育研究的思考

女数量有着明显的差别，但是随着政策的导向和城乡趋同化的影响，无论城乡，普遍不再愿意多生子女。而从价值变迁的视角出发，代际关系以及其价值基础并未发生根本性的改变，仍旧延续了中国传统文化的结构与内涵。周晓虹等[①]发现，亲代是维系传统代际关系价值基础的重要力量。在家庭的代际互动中，亲代依旧保持了传统的伦理价值观念，尽管意愿生育的子女数量减少了，但是在抚育子代的过程中却加注了更多的预期。随着经济社会的高速前进和社会的转型，人们的生活水平日益提高的同时，由于生活节奏的过快和工作带来的紧凑压力，对生育的倾向和热情都在慢慢降低和冷却，"望子成龙"这样高的期待带来了巨大的生活压力和经济负担，令对子女的养育难以承担成了多数人的内心独白。生育意愿作为生育行为主要的决定因素，是人们生育观念的直接体现和代表，也是本研究重点研究探讨的问题。几十年来，中国的生育政策经历了"计划生育"向"全面二孩"的改变，这个重大政策的调整背后是国家生育率持续过低和社会人口结构过度老龄化的社会现实。

计划生育政策的推广和执行力度最强、受政策影响最直接的便是大型国有企业、政府、事业单位等这样的体制内单位。伴随着一系列的奖惩制度，如独生子女补助、津贴等鼓励，开除公职、解聘或罚款等惩罚措施，再加上对计划生育的公共宣传"少生、优生"，使得体制内家庭的结构得以"核心化"，其生育意愿也随之缓慢降低。2016年1月1日开始，国家推行了"全面二孩"政策。这个政策的推行给了中国家庭生育第二个孩子的选择。面对政策的放开，体制内群体由于计划生育时期的严格控制，生育二胎的意愿和诉求理论上应当更加强烈。但是在二胎政策全面开放时，已有一孩儿的女性不少年龄已经偏大，选择生育二胎会让女性承担高龄产妇的风险，也会形成出生间隔较长的"兄弟姐妹关系"，这在一定程度上会让年龄偏大的育龄妇女慎重思考从而降低生育意愿。不同的体制内单位，受企业效益、工资水平和福利待遇的限制，针对二胎政策对女性职工作出的奖励制度和产假优待的程度截然不同。有些单位会从政策角度出发，长远考虑生育的重要性，给女职工的生育

---

① 周晓虹. 中国体验——全球化、社会转型与中国人社会心态的嬗变[M]. 北京：社会科学文献出版社，2017：208.

补助和产假奖励非常优待。而个别单位也会担忧人员因生育二胎暂时离岗，会影响企业的正常运转，因此，出现了"排队生二胎"甚至"不予准假"的"潜规则"条例。

诸多个体因素、家庭因素和个体所在环境因素的影响，会使女性的生育意愿有所不同。在生育政策放开的初期阶段，由于不能像独生子女政策实行初期采取强制约束和规范，家庭自主选择生育的模式并没有迎来人口学预期的出生人口高峰。2013年8月，中国人口与发展研究中心在全国29个省市地区（西藏、新疆除外）组织开展了全国生育意愿调查。[①] 这次生育意愿调查尽管是在"单独二孩"政策实施前得到的数据，但是这次调查研究得到了一个重要的结果："现有1孩的单独家庭希望生育第2个子女的比例为60.8%"。这也是国家卫生和计划生育委员会以及一些学者用以预测全国符合"单独二孩"生育政策人口规模时所依据的主要数字。但这只是在假设条件下的预测比例。在"单独二孩"政策出台后，风笑天[②]在湖北省2014年的调查数据结果中发现，在6958个符合"单独二孩"政策的调查对象中，只有21.5%的人明确回答"要二孩"。国家卫计委2014年初展开的专项调查显示，符合政策的目标人群中，只有39.6%有再生育打算。根据上述研究结果来看，生育政策的全面开放并未激发女性及其家庭对再生育的强烈愿望，无论从社会的宏观层面或者是从家庭功能与代际关系的角度，我们应当把视线投入到个体生育体验和个体主观感受中，以求解读这一特殊群体的相关影响生育的因素。

有鉴于此，本研究拟从以下方面探讨体制内女性群体的生育选择问题。

1. 体制内女性群体的生育意愿和实际生育行为情况

从体制内女性群体的理想子女数和实际已育子女数的角度出发，分别从个人背景、配偶的情况和生育观念等层面分析生育意愿和实际生育行为的影响因素，总结这一群体生育情况的特点，包括对其生育意识、社会心态和生育观念的解释。

---

① 庄亚儿，姜玉，王志理，等. 当前我国城乡居民的生育意愿——基于2013年全国生育意愿调查[J]. 人口研究，2014，38(03)：3-13.

② 风笑天. 生育政策潜在人口的结构及其二孩生育意愿——对两项大规模调查结果的分析[J]. 江苏行政学院学报，2015(06)：54-61.

第1章　导论：生育时代背景的转变与生育研究的思考

2. 分析体制内女性群体的生育意愿和实际生育行为的差异

学界关于生育意愿和实际生育行为差异性的研究主要分为"等同论"和"背离论"两个方向。分析体制内女性群体的生育意愿和生育行为的差异，可以从个体背景、家庭背景和工作性质出发，总结这一群体的差异特点以及形成的原因，包括对女性自然属性与社会属性的总结。

3. 探讨生育与女性主观生活满意度的关系

本研究还试图探索和分析实际生育情况与主观幸福感的关联。生育子女数、生育子女性别、生育时间和生育观念的差异与个人生活满意度、幸福指数、婚姻幸福感和家庭生活满意度等都有着密切的联系。主观幸福是衡量未来生育选择的重要指标，也是解释生育价值观念和意愿的重要因素。

(4) 依据体制内女性的生育选择情况探讨全面二孩政策配套的优化诉求，从个人、家庭、社会层面总结体制内女性群体的生育选择差异及相关影响因素，了解这个群体的现实需求，提出针对性的生育政策优化与配套方案的建议。

1.3　生育研究的相关概念界说

1. 体制内职业女性群体

体制内女性群体是从其受雇单位的性质出发，凡工作于政府部门、党政机关、人民团体、事业单位、国企等单位的女性皆属于体制内女性群体。提起体制内身份，我们可以参照学界对于单位制和单位制家庭的研究与定义。单位制是中国特殊国情的产物，城市中的单位体制在社会主义建设与工业化进程中不断形成，并在60年的演变中形塑了"单位人"这一富有中国特色的群体。[①] 随着社会变迁，"单位"不断在变化和发展，对"单位人"提供的福利、优待和庇护也随之逐步缩减。体制内女性群体在生育方面可依靠工作单位的程度越来越少，她们的生育意愿和实际生育行为也可能会有相应的改变。因此，对这一群体的研究可对比单位制时期的不同待遇，也可以发现新的群体生育

---

① 张霁雪，陶宇. 单位人的集体记忆与身份生产——基于H厂三代工人口述历史的研究[J]. 学习与探索，2014(06)：32-38.

特征。

2. 生育意愿

在众多关于生育问题的研究中，有关生育意愿的探讨一直受到了广泛的关注。所谓生育意愿，就是人们对生育行为的想法和态度，是生育文化和生育观念的直接体现。在针对生育意愿的众多研究中，大部分学者基本围绕着意愿生育子女个数、意愿生育时间和意愿生育性别三个角度进行探析与阐释。另外，涉及生育观念的描述，结合了不同的背景、文化，具体而言，观念的研究就是生育动机的研究。对于绝大多数人而言，生育意愿是随着社会生活的变化而变化的，态度和观念会随着生命历程中的一些重要事件和重大改变做出调整。年龄、婚姻关系、在抚养第一个子女时的经历、健康状况、受教育程度、工作、社会对于生育行为的规范等都会成为影响生育意愿的因素。

尽管生育意愿较为容易改变，且大量的研究证明实际的生育行为与生育意愿之间仍存在一定的差异，但是生育意愿确是了解人们的生育观念、判断人们的实际生育选择和生育行为、预估未来整体社会人口结构的重要变量。笔者在2016—2019年间长期的、反复的连续调研中，对于体制内女性生育意愿的现状以及阶段性转变与否的了解和判断，能有效协助研究者了解体制内女性的生育行为和决策情况，从而为生育政策的实施效果和未来社会生育水平的变化提供一定的研究经验。

3. 生育行为

生育，作为家庭的重要功能之一，保证了家庭的后代繁衍和文化传承，维持了社会继替的同时，也保障了社会的结构完整与新陈代谢。生育，这个过程，是每个家庭和个人经过深思熟虑之后的理性决定。生育行为包含了具体的生育选择、生育决定和最终的生育结果。生育意愿的先决性，影响着最终生育选择和决定，同时也存在着与生育行为的差异。随着经济的发展与社会的变迁，家庭间的亲子关系与亲子模式都在发生着改变。亲代与子代间的认知和相处方式已不再单纯停留在"生命延续"的层面，父母与子女间的互动、沟通和信任不断提升。另一方面，在中国的社会转型中，工业化、信息化时代的来临，使得成长在传统社会文化中的父辈显得难以适应。而子女在新时代文化的熏陶下成长起来，并获得了父母的依赖，"父为子纲"的模式逐步消解。传统生育文化和家庭文化在遭受冲击后,生育观念直接受到影响,随着市场经济的高速发展,社会对于生育行为做出了保障和规范,家庭结构逐渐核心化,家庭规模日益小型化。

除了文化和传统观念的转变,婚姻的自主性使得形式变得多样。离异家庭子女、单亲母亲、同居生育等非婚生子女群体的数量也在不断地增多。生育行为存在于多种家庭背景下,这直接影响了整个社会生育水平的稳定。

4. 生育动机

生育动机是对生育观念和生育目的的主观认同,也是反映对生育抉择的态度。当代社会是一个多元化的社会,对于生育的观念认知和文化意识也应是多种观念兼收并蓄。本研究对于生育观念的理解是从对生育子女的价值判断出发,在不同家庭情况、年龄、受教育程度和家庭收入的体制内女性群体中,探索女性的生育动机和目的。生育观念是对生育动机和目的的主观认同,也是对生育的认知和表达。根据本研究的资料收集情况和数据基础,对生育观念主要从经济支持、养老保障、家族延续、主观幸福感提升这四个方面来进行分类和测量。

1.4 生育意愿与生育行为的研究意义

1.4.1 生育意愿与生育行为的理论意义

国际上对于女性生育意愿和生育行为的研究有着非常多的理论成果。但是,很多理论是依据西方国家社会的情况总结凝练而成,在研究中国生育问题时不能很好地适应中国的生育文化和现实情况。对于中国女性,甚至体制内身份群体的生育研究,需要继续结合中国的实际国情,谱写带有中国特色的理论体系。

第一,本研究将研究对象界定在了具有中国特色的体制内身份群体。在以往的研究中,国内学者针对生育意愿和行为的研究大多都停留在城乡之间,不同行政区域之间,和是否为独生子女群体的考察和分析中,针对工作在体制内单位的女性群体的研究少之又少。因此,本研究筛选出了工作在体制内的女性群体,并厘清了育龄范围内和育有一个子女的家庭。在深度访谈中,主要结合女性实际的家庭情况和生活环境,同时也了解了部分工作在体制内的男性的观点和态度。

第二，本研究结合了计划行为理论和 Miller 等人在此基础上提出的序列决策和作用过程，结合了中国生育政策的规范作用，拓展并梳理出适合体制内身份女性群体的生育选择研究。此外，研究还从角色理论的角色冲突角度，探析女性在工作、家庭、社会等场域之间的角色矛盾，以及冲突对生育选择的影响。

研究从女性初次生育前后的时空和工作、家庭关系、社会网络三个维度进行阐释。首先，关注女性在初次生育前后的经历，结合生育之后的花费和产假休息市场，探析女性对生育二胎的态度和想法。在了解了女性的诉求之后才能更好地提出二孩政策配套措施的优化方向。其次，结合体制内身份女性的个人属性，分别从工作时长、性质、收入、单位给予的产假优待和补助等探究工作综合环境对生育意义和行为的影响。再次，家庭关系和对孩子的日常照料承担是不能被忽略的影响因素。例如，是否有人帮忙照料孩子，在中国社会是影响生育意愿的一大重要因素。女性在工作和幼儿照料之间无法两全，再加之保姆行业的混乱和幼儿园、日托的行业标准欠缺，导致了矛盾的激化。很多家庭不信任现有的职业保姆和托儿机构，如果家里的老人或者亲戚不能帮忙照料，则不会选择继续生育二胎为自己增加负担。最后，社会网络的支持在一定程度上可以左右女性的生育选择。社会网络的健全，可以保障女性的权益，减轻女性在生育前后的负担。在本研究中，考量了计划生育初期的健全单位制的机构设置，并结合了社会关系网络对生育观念的影响，总结出来现今体制内身份女性比照几十年前的环境，与日俱增的生存压力和家庭生活负担。在单位制时期，几乎所有的国企和事业单位都拥有自己的医院、托儿所等机构，许多母亲上班时会将子女带到单位，下班再一同回家。这无形是对女性的养儿负担的减轻，也是对生育的无形鼓励。随着市场经济的发展，单位改革舍弃掉了这部分的机构设置，使资源优化配置，提高了单位的效益。但是，针对女性职工方面，原有的分担和福利被舍弃了，而职业压力一直在提升。因此，本研究结合国外针对鼓励生育作出的配套奖励机制，以当今降低女性生活负担为目标，整合社会网络资源，对优化二胎政策、鼓励生育提出了对应的建议。

1.4.2 生育意愿与生育行为研究的现实意义

第一，从地方性入手，通过对国有企业生育政策贯彻执行的历史演变研究，展现生育政策调整过程中，国企从强制到弱化甚至保守的角色来贯彻政策。国企女性的生育意愿，既能体现国企在政策变化中角色的变化，也能从国企职工阶层的自身经济、文化程度、家庭背景等方面综合判断分析其生育意愿的变化。

第二，厘清生育政策与实际育龄妇女生育意愿之间的共变逻辑。国家生育政策在实行过程中必然受制于宏观性和地域性的社会结构环境的制约，并在个体行动过程中不断基于结构制约和行动解释建构出独特的政策结果。既可能达成一定的政策目标，也可能产生背离制度设计初衷的"意外后果"。本研究期望通过实证性的调研和对政策施行背景的社会结构要素的分析，探究生育政策对该群体育龄妇女生育意愿的作用程度与影响进路，以及育龄妇女差异性的个体要素如何最终决定深受国家生育政策和企业内部生育激励机制双重影响的女职工生育意愿。

第三，结合研究情况，了解体制内身份女性的现实状况和基本诉求，从矛盾和冲突的点入手，整合社会网络资源，对生育政策的发展和优化提出建议。生育意愿的研究是社会现实的需要，研究体制内女性群体的生育意愿及行为，能为政策的优化提供依据，推动社会和谐的发展。

第 2 章 关于生育意愿与生育行为主题研究的梳理

2.1 关于生育决策研究的理论梳理

有关生育决策的理论研究,在数十年的人口学领域研究和社会学理论研究中,国内外学者给予了较为系统的分析与阐释。生育决策作为人口研究的重要议题,与决定理性、社会文化和心理特征息息相关。社会科学界通过大量田野调查与实证分析分别从经济学、社会学和心理学等面向提出了相应的理论分析范式。

2.1.1 经济层面的生育决策研究理论

经济学学科在有关家庭生育决策的研究领域中,主要形成了"成本-效用"论、孩子消费论、代际财富流论与"生育供给-需求分析"论等分析范式,以说明经济因素变量对生育决策与生育行为的影响。

1. "成本-效用"理论与生育决策

自 20 世纪 50 年代以来,由于整体社会的死亡率稳定维持在低水平,人口的发展动向都集中在对生育率的关注。因此,在有关人口增长的研究中,生育率的经济因素探索成了主流趋势,形成了"生育率经济学"。[①] 生育率经济学的相关研究以价格衡量作为尺度,家庭中夫妻双方的生育意愿取决于家庭的最大经济效用。美国著名的人口经济学家莱宾斯坦最先提出了以经济学观

---

① 大渊宽,森冈仁,张真宁. 生育率经济学(一)——贝克尔的创建及其先驱者[J]. 人口与经济,1988(02):16-18.

第 2 章 关于生育意愿与生育行为主题研究的梳理

点和理论范式作为人口研究基础。莱宾斯坦将孩子的生产以经济成本的观点分为了直接成本和间接成本两部分。直接成本所表达的是孩子从出生到成人期间父母所有的花费。间接成本实质上是一种机会成本，它表达出因对孩子的抚育，父母失去了更多的收入和受教育的机会。[①] 基于生育成本的观点，莱宾斯坦将新出生的孩子将为整个家庭所带来的效用划分成直接效用、间接效用和保障效用三类。[②] 直接效用基于孩子是消费资料的视角，将孩子看作成所谓的消费品，是父母的幸福快乐所得。间接效用则是基于孩子是生产资料的视角，代表了在一定的情况下，孩子可以被认为是该家庭生产出的一种预期劳动力，并能直接或间接地为该家庭带来之后的长期收益。而保障效用将孩子看作一种预期的、潜在的保障，以期待年老时孩子对生活给予照料和保证。成本与效用的权衡，是莱宾斯坦继而建立的边际孩子合理选择理论。一方面，父母在进行生育抉择的时候，可以通过对孩子生产的成本-效用做出权衡及判断，直接影响生育的决策与生育的行为。另一方面，生育孩子是否可以维持或者提高家庭经济地位，也深刻影响着家庭的生育抉择。

2. 孩子价格理论与生育决策

由奥肯创建的孩子价格模型认为，在孩子身上的花费会随着家庭收入和支出的提高而发生变化。[③] 而这种孩子花费的变化在价格上的体现可看作孩子与其他消费资料的相对价格变化表达。[④] 假如孩子的价格是固定不变的，收入预算线之间就是平行的关系，一旦收入上涨，那么家庭对孩子需求也会增加。假若孩子的价格并不是一成不变，那么家庭收入的预算线也会发生改变，这种情况下孩子的价格效应直接抵消了收入的正效应，因此家庭对孩子的需求也会相应降低。奥肯的孩子价格模型为生育决策的研究提供了非常大的启示，在将孩子的价格控制住时，收入的正效应则相应体现在对孩子数量需求的增

---

① 顾宝昌，马小红，茅倬彦. 二孩，你会生吗？生育意愿、生育行为和生育水平关系研究[M]. 北京：社会科学文献出版社，2014：276.
② 庄渝霞. 西方生育决策研究概述——来自经济学、社会学和心理学的集成[J]. 国外社会科学，2009(04)：74-80.
③ 夏颖. 从社会抚养费的征收看中国农村孩子成本——效益分析[D]. 北京：中国人民大学，2004：06.
④ 庄渝霞. 西方生育决策研究概述——来自经济学、社会学和心理学的集成[J]. 国外社会科学，2009(04)：74-80.

加上,从而可以推断,收入高的家庭,其孩子的价格也随之提高,孩子的价格是不断变化的。

3. 孩子需求论与生育决策

贝克尔是最先通过经济分析法阐释生育、婚姻、就业以及家庭成员间的相互作用的学者。[①] 首先,他在奥肯的孩子价格模型的基础上,提出了孩子需求的理论。贝克尔将经济学研究视角引入了对家庭生育行为的分析中,将家庭生育的孩子分为生产资料和消费资料两部分。贝克尔认为,养育孩子的花费减去孩子的收入就是孩子的净花费。当孩子的净花费为负数时,孩子可看作生产资料;当孩子的净花费为正数时,孩子便是一种消费资料。[②]

在此观点的基础上,贝克尔利用消费的需求分析理论对生育行为进行了分析,并强调孩子的数量可以与孩子的质量相互替代,即孩子数量质量替代理论,也被称作收入正效应理论。该理论认为,孩子数量与家庭收入是一个正向关系,当家庭收入增加时,家庭更倾向于生更多的孩子。当收入既定时,孩子的数量与质量呈现了负效应的关系,也就是随着孩子质量的提升孩子的数量会随之减少。当父母的收入提高后会更倾向于"质量高、数量少"的生育选择,收入的提升后,生育意愿随之下降。[③] 在这个理论中,影响生育决策的重要因素是收入。

贝克尔于20世纪60年代从家庭时间分配的理论视角[④]深入分析了生育决策的内在机制。对于家庭而言,特别是职业女性母亲角色而言,一个孩子出生和抚养会占用母亲大量的时间与精力,并对收入产生重要影响。时间与收入的双重制约使适育龄女性在面临生育决策时,为了谋求家庭总效用的最大化,再生育和职业直接要做出抉择。此理论将关注的焦点从孩子角色转向了母亲角色,对后续生育决策的研究理论产生了重要影响。

---

① BECKER G S. A treatise on the family[M]. Cambridge, Mass: Harvard University Press, 1981: 137-152.
② 庄渝霞. 西方生育决策研究概述——来自经济学、社会学和心理学的集成[J]. 国外社会科学, 2009(04): 74-80.
③ 贝克尔. 家庭论[M]. 北京: 商务印书馆, 2005(04): 177-180.
④ BECKER G S. An economic analysis of fertility[M]//Natrcnal Bureau of Economic Research. Demographic and economic change in developed countries. New York: Princeton University Press, 1960: 209-240.

第2章　关于生育意愿与生育行为主题研究的梳理

4. 生育率抑制临界假说与生育决策

美国人口经济学家伊斯特林(Richard A. Easterlin)[①]在生育率经济学分析的基础上提出了"生育率抑制临界假说"。[②] 伊斯特林认为，人的嗜好是不断变化的且存在着明显的差异性。家庭的生育正是受嗜好的变化影响，并且代际间的生活标准的差异会改变对孩子的需求。此外，伊斯特林还提出了"生育供给-需求分析理论"[③]，该理论认为的家庭生育子女数受到供给、需求和控制生育成本这三重核心变量的决定性影响。

5. 生育意愿的抉择模式

在西方的研究中，通过"成本-效用"这个基本经济学理论衍生出的另一种范式，即生育意愿抉择理论。在该理论的表述中，同步模式(one-decision model)和序次模式(sequential decision Model)是生育决策理论范式中可以决定的生育意愿的两种模式。[④] 在同步模式中，假定了夫妻双方在进入婚姻时或者生育第一个孩子之前就决定了要生几个孩子。这个模式是基于夫妻双方在早期的社会化中形成的价值观和生育观，在结婚之后由两人协商共同决定。序次模式指的是人们的生育意愿并非一成不变。在人们生育第一个孩子之后，可以根据生育经历和家庭状况决定是否再选择继续生育。在这个过程中，夫妻的生育意愿和生育行为都会受到种种其他因素的影响，对再生育的认知和抉择是对生育一胎时期行为的理解与审视。上述两种模式与"成本-效用"的生育决策模式较为相似，都是基于一种理性选择视角对生育行为进行预测和分析。

2.1.2　社会层面的生育决策研究理论

1. 社会学习理论与生育决策

社会学习理论(social learning theory)在生育决策的有关研究中作为一种

[①] EASTERLIN R A. The economics and society of fertility: a synthesis in C. Tilly(ed.)historical studies of changing fertility[M]. New Jersey: Princeton University Press, 1978: 57-134.

[②] 同①.

[③] 杨云彦. 人口转型期的计划生育利益导向机制建设[M]. 武汉：武汉大学出版社，2013：17-18.

[④] UDRY, RICHARD J. Do couples make fertility plans one birth at a time? [J]. Demography, 1983, 20(02): 117-128.

新颖的分析视角,为分析家人和亲朋对个体的生育观念的影响上,提供了观察和学习因素对生育意愿产生作用的理论依据。该理论由加布里埃尔·塔德(Gabriel Tarde)首创,后被班杜拉(Allbert Bandura)[①]发展,该理论强调认知能力是人类社会学习的基础,一个人通过对社会的观察和与他人之间的交往,个人的认知(包括我们行为的准则和道德标准)得以发展。其次,社会学习理论认为观察学习是社会学习的主要形式,由个人行为引起的学习和通过对他人示范过程观察引起的学习强化了基于动机基础的学习过程。[②] 这一理论在一定程度上可以解释"人们为什么如此行为,或为什么要生育一定数量的子女"。因为如同社会交往一样,家庭成员之间因为生活环境相同、生活目的相对一致以及共同生活一定时间而对相互之间的一些观念和行为产生着影响。[③] 有鉴于社会学习理论的内涵,家庭成员之间的关系模式与行为传递影响了彼此之间对生育决策的认知,并通过彼此之间的观察学习形塑生育观念,进行生育选择。与社会学习理论内涵相耦合的,是传统中国家庭以家族为中心的延续和团结,以家族为重的想法和做法遂使中国人形成了一种明显的心理倾向,即家族中的结构形态、关系模式及运作原则推广。[④] 因此,养老送终和传宗接代的生育观念和代际伦理在中国家庭传承与延续中,成了家庭成员之间互相影响、彼此认同的生命意义和价值追求。

2. 角色理论与生育决策

角色理论是针对生育行为研究应用的另一重要理论,该理论与社会学的结构功能论相关,假定人们在社会结构中占据一定的位置,并且每一个位置都有着相对应的角色。角色,是对应着社会结构中的位置关联的一整套期望或行为。[⑤] 而"角色丛"这个视角是跟一个特定的社会位置相关的一系列角色的集合。因此,在生育选择的研究中,夫妻双方多面的社会角色都影响着他们

---

① 班杜拉. 社会学习理论[M]. 陈欣银,李伯黍,译. 北京:中国人民大学出版社,2015:46.
② 杨谦,邵新顺. 班杜拉社会学习理论视角中的马克思主义大众化[J]. 学术论坛,2011(05):25-28.
③ 顾宝昌,马小红,茅倬彦. 二孩,你会生吗?生育意愿、生育行为和生育水平关系研究[M]. 北京:社会科学文献出版社,2014:235.
④ 叶光辉,杨国枢. 中国人的孝道——心理学的分析[M]. 重庆:重庆大学出版社,2009:47.
⑤ 佩恩. 现代社会工作理论[M]. 何雪松,张宇莲,程福财,等译. 上海:华东理工大学出版社,2005:170.

第 2 章　关于生育意愿与生育行为主题研究的梳理

的意愿与行为。如果你是母亲,便是生育的主要承担者,是孩子的母亲,是丈夫的妻子,是儿媳,也是父母的女儿。再加之工作、受教育程度、民族、年龄、健康状况赋予的特定角色,都将左右对生育选择的判断和决定。当角色、期望和行为都满足周围人的期待,就可称为角色互补。但是,当一个人承担的不同角色不相容时,就会出现角色冲突。角色冲突反映的是一个人努力去满足两种角色的需求,但同时又难以兼顾的经历。社会学家邦妮·福克斯[1]在研究中指出,对于那些刚刚当上父亲的人来说,他们压力的最大来源就是他们感到在工作需求和家庭责任之间被同时推向了两个方向。刚刚当上父亲的男性被期望能够给予他们的妻子更多的支持,这包括实际的支持和情感的支持,但是与此同时,人们也希望他们能够通过积极的工作来满足不断增长的家庭经济需求。

3. 社会互动理论与生育决策

符号互动理论也称互动论,是社会互动研究中的讨论个人日常行为的重要微观理论内容。符号互动理论旨在研究个人的想法、信念以及态度如何塑造了日常生活与家庭,并聚焦于人际关系的意义以及如何用符号来传达意义。在综合了有关社会互动的理论分析后,美国社会学家瓦特肯斯特和人口委员会副主席邦加斯通过对 69 个发展中国家的生育率下降现象调查后发现,个体所在的生育环境影响了微观的生育决策,人们通过观察、社会交往以及人际互动学习与模仿了他人的生育过程。因此,"社会互动"是解释生育决策相当重要的因素。[2] 在社会互动理论的基础上后期延伸发展出的是文化扩散理论。该理论强调文化和社会生活对生育行为的影响,并阐述了观念的变化和传播的作用机制。Lesthaeghe 和 Caldvell[3]在研究中发现,生育意愿和水平会从发达国家向发展中国家扩散,观念会从社会经济地位较高的人群蔓延至社会经济地位较低的群体。

---

[1] FOX B. Feminism on family sociology: interpreting trends in family life: feminism on family sociology[J]. The Canadian Review of Sociology, 2015, 52(2): 204-211.

[2] 庄渝霞. 西方生育决策研究概述——来自经济学、社会学和心理学的集成[J]. 国外社会科学, 2009(04): 74-80.

[3] LESTHAEGHE R, CALDVELL P. The culture dynamics and economic theories of fertility change[J]. Population and Development Review, 1988, 14(01): 1-45.

4. 代际财富流理论

澳大利亚社会学家考德威尔于 20 世纪 80 年代提出的代际财富流理论对人口社会学研究产生了重要的影响。在该理论的陈述中，"财富流"可被定义为一个人给另一人提供的物品、金钱、服务以及各项保障等。财富并不是在所有时候都是实际存在的有形之物。考德威尔认为，亲代的生育行为与子代所带来的回报紧密关联。[①] 社会的转型与更替是这个理论的背景依据。在农业社会时期，父母双亲抚育子女的花费远远低于孩子成年后的收入反馈，这一时期的财富净流向父母一方。而工业社会之后，教育的普及使受教育程度与技能的掌握成了社会就业的衡量标准。子女成年后离开父母进入社会就业需要掌握一定的技能与教育知识水平，政府和社会提供的多层级分化的教育机构所需要的花费都由父母一力承担。对于绝大多数家庭而言，教育年限延后了子女成家立业的年龄，父母养育一个孩子的花费时间和花费数额也随之增加。这就在无形之中约束了父母的养育回报，家庭的财富流也逐渐向子女一方倾斜。代际财富流理论为我们提供了一个从代际关系认识生育行为的视角，也为子女的经济价值研究提供了理论依据。

2.1.3 心理层面的生育决策研究理论

社会心理学关于生育决策的研究，可以分为三个层面。第一个层面强调了个体动机的研究。第二个层面重点关注了社会动机。第三个层面探讨强调个体与社会动机相互影响的过程。

在第一个层面中，心理学家应用了个体决策理论[②]来分析生育决策的过程。在该理论的研究视域中，个体的生育行为是一种经过比较以及权衡各种生育模式之后的心理结果。在权衡利弊与深思熟虑之后，个体才进行生育行为的决策判断。因此，生育行为主要受到个体生育决策的心理过程的影响。而家庭生育需求的心理则由家庭结构、家庭生活水平、家庭的受教育程度以及家庭关系等决定。[③] 生育心理对生育的决策和行为产生了直接影响。

---

① 顾宝昌. 社会人口学的视野——西方社会人口学要论选择[M]. 北京：商务印书馆，1992：270.

② TOWNES B D, BEACH L R, Campbell F L, et al. Family building: a social psychological study of fertility decisions[J]. Population and environment，1980，3(3/4)：210-220.

③ 陈家麟. 影响生育率变动的家庭心理学问题[J]. 人口与经济，1986(06)：21-27.

第 2 章　关于生育意愿与生育行为主题研究的梳理

在第二个层面中,心理学研究领域的动机认知模型为生育决策的探析提供了理论依据。动机是指能引发、推动并维系个体活动达到一定目标的一种内驱力,当这一目标具有了社会属性之时,便成了社会动机。社会动机受到社会情境、社会文化和社会规范等因素的影响。在社会动机理论视域下的生育动机同样被社会生育文化和社会规范直接影响。在这一理论中,社会规范影响了生育心理并产生机会成本,该机会成本成了影响生育动机的最主要变量,并延展且突破个体动机论域针对子女价值研究的局域性。此外,生育文化中的趋同心理现象体现了社会文化、经济和发展对于生育观念和生育动机的影响。如陆益龙[1]在皖东 T 村的研究结果表明,对生男孩的追求缘于价值认同、趋同性的心理压力与社会支持。村落文化中存在因趋同性压力而产生的从众生育行为。

第三层面的研究集中于对个体价值观和社会期望两者互动的探析。众多社会心理学家在大量的研究中将此类理论分析范式置于对生育行为的讨论,并继而发展出"生育二元决定论"理论。该理论从社会规范和生育意愿的作用合力出发,强调个体的生育行为实质上是个人与社会互动后的结果。著名研究者福赛特[2]认为,个体的生育决策主要受到来自孩子价值价格理论、家庭规模和夫妻关系等因素的影响,文化扩展的理论分析框架对于生育动机的研究具有较强解释力。生育二元决定论的提出为后续研究提供了灵感,并形成了孩子价值、家庭决策、家庭结构等重要变量。

在心理层面研究生育决策的另一个重要理论范式便是计划行为理论。这个理论是社会心理学领域中的一种比较成熟的理论,该理论认为人的行为是经过了仔细考虑和权衡以后产生的结果,是经过计划后发出的。利用计划行为理论我们可以解释和预测行为,并理解和认识如何改变行为。[3] Miller 等[4]

---

[1] 陆益龙. 生育兴趣:农民生育心态的再认识——皖东 T 村的社会人类学考察[J]. 人口研究,2001(02):17-27.

[2] 庄渝霞. 西方生育决策研究概述——来自经济学、社会学和心理学的集成[J]. 国外社会科学,2009(04):74-80.

[3] 茅倬彦,罗昊. 符合二胎政策妇女的生育意愿和生育行为的差异——基于计划行为理论的实证研究[J]. 人口研究,2013,37(01):84-93.

[4] MILLER W, PASTA D. How does childbearing affect fertility motivations and desires?[J]. Social Biology,1995,42(3-4):185-198.

学者提出了从意愿到行为的序列决策和作用过程，认为生育经历了生育动机→生育意愿→生育打算→生育行为→生育率。Miller[1]认为生育意愿和生育打算是具有时间和数量维度的测量，这些多维度的生育意愿和生育打算通过共同的作用影响生育行为，并逐步转化为现实。其中，生育动机是在先天因素(biological)和生活经历中获得的经验因素(experiential)共同作用下形成的。郑真真在结合了中国的实际国情之后，加入了生育政策的影响因素作为考量，并基于"政策-意愿-计划-行为"的框架，分析生育意愿向生育计划的转换以及生育计划的落实情况。[2]

2.2 关于生育意愿的研究

2.2.1 关于生育意愿的脉络梳理

根据20世纪90年代以来关于生育意愿的研究情况，可以发现对于研究的成果，国内学者基本达成了一致的观点。在步入21世纪之后，我国的生育意愿总体情况维持在了相对稳定的状态，多次抽样调查或者人口普查的数据都显示我国已经进入低生育水平时代。学术界针对生育意愿的研究集中在生育意愿与生育行为的关系层面，以及生育意愿维持稳定趋势的背后的成因及作用。生育意愿是一个涉及个人与家庭的研究议题，其内容与个人主观的认知与感受，家庭的结构与经历息息相关，因此，纵观学界的研究层面和内容涉猎非常广泛，研究视角也十分多元。按照研究层级递进的次序，大致可分为三个层面：①生育意愿是人们生育需求的主观表达；②生育意愿的动机及影响因素；③生育意愿、生育行为及生育水平之间的关系探讨。

在第一个层面中，针对主观生育意愿的变化趋势的探讨是学界研究的主流，绝大部分学者都认为生育意愿呈下降趋势并低于更替水平。侯佳伟等[3]通过对1980—2011年中国人口生育意愿变迁的调查研究发现，中国人生育意愿

---

[1] MILLER W, PASTA D. Behavior intentions: which ones predict fertility behavior in married couples?[J]. Journal of Applied Social Psychology, 2010, 25(6): 530-555.

[2] 郑真真. 低水平下的生育意愿研究[J]. 江苏社会科学, 2008(02): 170-177.

[3] 侯佳伟, 黄四林, 辛自强, 等. 中国人口生育意愿变迁: 1980—2011[J]. 中国社会科学, 2014(04): 78-97.

第 2 章　关于生育意愿与生育行为主题研究的梳理

和生育水平的发展变化趋势符合世界上生育意愿和生育水平关系的一般变化趋势，我国育龄人群的生育意愿呈逐步下降趋势。在一些大型社会调查的结果中表明，我国居民的生育意愿从 20 世纪 90 年代开始就低于了更替水平。1997 年全国人口与生殖健康的调查结果显示平均理想子女数为 1.74；2001 年的全国计划生育与生殖健康调查中，平均理想子女数为 1.70；2002 年全国城乡居民生育意愿调查的平均意愿子女数为 1.78；2006 年全国人口和计划生育抽样调查的结果是 1.73；2010 年江苏省 6 地的调查数据结果为 1.69；2008 年北京市调查中，居民平均意愿生育子女个数为 1.40。[1] 在侯佳伟等人[2]的研究中，运用横断历史元分析法推算 2000—2011 年间我国城乡居民的理想子女数均值为 1.67。王军和王广州[3]根据 2012 年中国家庭幸福感热点问题调查，认为育龄人群平均意愿生育子女数为 1.86。庄亚儿等[4]根据 2013 年全国生育意愿调查数据分析认为，当前城乡居民的平均理想子女数为 1.93。马小红、侯亚非[5]在对北京市独生子女即"双独"家庭生育意愿的调查中得出结论，独生子女意愿生育水平有所上升，但仍保持较低的生育选择。在部分学者的研究中显示，人们的二胎生育意愿也在逐步下降。风笑天的研究认为，作为伴随我国改革开放成长起来的第一代城市青年，他们在期望生育子女的数量上，呈现出比其父辈或其他城市人口更低一些的生育意愿。

风笑天[6]通过对全国 12 个城市 1 786 名在职青年的调查研究分析，得出结论：不同性别的青年在期望生育的孩子数量上并不存在显著差别；已婚青年意愿生育数量的平均值显著高于未婚青年。乔晓春、任强[7]预估了维持现行

---

[1] 顾宝昌，马小红，茅倬彦. 二孩，你会生吗？生育意愿、生育行为和生育水平关系研究[M]. 北京：社会科学文献出版社，2014：05.

[2] 侯佳伟，黄四林，辛自强，等. 中国人口生育意愿变迁：1980—2011[J]. 中国社会科学，2014(04)：78-97.

[3] 王军，王广州. 中国育龄人群的生育意愿及其影响估计[J]. 中国人口科学，2013(04)：26-35.

[4] 庄亚儿，姜玉，王志理，等. 当前我国城乡居民的生育意愿——基于 2013 年全国生育意愿调查[J]. 人口研究，2014，38(03)：3-13.

[5] 马小红，侯亚非. 北京市独生子女及"双独"家庭生育意愿及变化[J]. 人口与经济，2008(01)：15-18.

[6] 风笑天. 青年个体特征与生育意愿——全国 12 城市 1786 名在职青年的调查分析[J]. 江苏行政学院学报，2009(04)：62-68.

[7] 乔晓春，任强. 中国未来生育政策的选择[J]. 市场与人口分析，2006(03)：1-13.

生育意愿与生育行为的影响因素研究——对特定职业女性群体的分析

生育政策或者政策发生变动所带来的人口后果,及其对社会经济发展的延伸影响。陈友华[1]认为,虽然政策调整导致的生育率反弹是不可避免的,但是中国生育率富有弹性并非是长久的特征,通过政策调整干预人们生育行为的时间已经不多了,而且政策变动带来的出生堆积可以通过相应政策加以缓和,因此,需要尽快对生育政策进行调整。针对计划生育政策,国家在"单独二孩"政策实施前进行了"一孩半"政策上的微调。杨菊华等[2]研究指出,"一孩半"政策加剧了出生性别比例失衡,失衡的重点在二孩。在城市中开展的多项独生子女生育意愿调查获得了一些具有共性的结论:在"单独二孩"政策时期,虽然政策规定独生子女夫妇可以再生一个孩子,但是根据研究结果,独生子女的生育意愿与非独生子女没有差别。石智雷、杨云彦[3]调查指出,符合"单独二孩"政策家庭生育意愿明显低于预期,农村二孩出生意愿高于城市单独家庭,不同代际育龄妇女的二孩生育意愿差异明显。

对生育性别的偏好。杨菊华[4]表明,绝大度部分人摒弃了"多子多福""儿女成群"的生育理念,两个孩子,尤其是一男一女,成为人们普遍的生育意愿。在很多调查中,城乡之间关于男女性别以及生育子女个数的观念差异都在缩减,生育两个孩子是大多数人理想的生育选择。[5] 在子女性别结构方面,"儿女双全"这样的带有浓厚的传统文化色彩的生育观念更深入人心。[6][7][8] 宋健、陈芳[9]认为仍有一半以上的城市青年存在性别偏好,但是这种偏好是多元

---

[1] 陈友华. 关于进一步完善生育政策的若干认识问题[J]. 市场与人口分析, 2007(01): 30-41.
[2] 杨菊华, 陈卫, 陶涛, 等. 生育政策与出生性别比的失衡相关吗?[J]. 人口研究, 2009, 33(03): 32-52.
[3] 石智雷, 杨云彦. 符合"单独二孩"政策家庭的生育意愿与生育行为[J]. 人口研究, 2014, 38(05): 27-40.
[4] 杨菊华. 意愿与行为的悖离:发达国家生育意愿与生育行为研究述评及对中国的启示[J]. 学海, 2008(01): 27-37.
[5] 周长洪, 黄宝凤. 计划生育"三结合"服务需求与现状分析[J]. 西北人口, 2001(03): 21-23.
[6] 同[5].
[7] 陈彩霞, 张纯元. 当代农村女性生育行为和生育意愿的实证研究[J]. 人口与经济, 2003(05): 76-80.
[8] 风笑天, 张青松. 二十年城乡居民生育意愿变迁研究[J]. 市场与人口分析, 2002(05): 21-31.
[9] 宋健, 陈芳. 城市青年生育意愿与行为的背离及其影响因素——来自4个城市的调查[J]. 中国人口科学, 2010(05): 103-110.

第2章　关于生育意愿与生育行为主题研究的梳理

的，"儿女双全"是多数人会做出的选择。尹勤等[①]对常州市育龄人群生育意愿分析后认为，育龄人群不存在明显的生育性别偏好。

2.2.2　关于对生育意愿影响因素的研究梳理

生育作为一种社会现象，其意愿表达同时兼有三个特征，即数量、时间和性别。生育意愿的关联或影响因素根据不同的划分标准而呈现出不同分类。一种划分维度是将这些影响因素按照个人、家庭、地域、制度、文化进行划分，还有一种是按照经济、社会、文化、政策进行划分。在对生育意愿的影响因素的分析阐释中，形成了以结构主义分析、社会心理学分析以及生物人口学分析的三大理论范式。[②]

1. 结构主义分析方法视角

学界有关生育意愿和生育水平的研究中，结构主义方法论历来是重要的分析范式。[③] 这一研究视角注重社会经济、文化、制度等结构性因素对个体生育意愿的重要影响。例如，李建新[④]认为，社会经济、生育文化、计划生育政策是影响中国人口生育行为、生育水平的三大相对独立的并置（不是同等、不是中介）因素。在此类针对生育意愿的结构性影响因素的分析研究当中，其中一种分类方法是关注正相关影响因素和负相关影响因素。正相关因素包括传统观念的引导（如"多子多福""传宗接代"等），父母意愿的影响，户籍，家务劳动的分配，二孩生育政策，女性产假及生育保险等；负相关因素涵盖了人口流动，出生年代，丈夫的年龄，女性初婚年龄，计划生育政策等。[⑤] 马森等[⑥]对在6岁以前移民美国的女性的生育率与初始国家的生育率进行了比较研究，结果表明，通过控制制度、经济以及法律等变量后，移民妇女的生育水

[①] 尹勤，温勇，宗占红，等. 常州市育龄人群生育意愿及影响因素[J]. 南京人口管理干部学院学报，2006(02)：40-43.

[②] 吴帆. 生育意愿研究：理论与实证[J]. 社会学研究，2020(04)：218-240.

[③] VITALI A, BILLARI F C, PRSKAWETZ A, et al. Preference theory and low fertility: a comparative perspective[J]. European journal of population, 2009, 5(4): 413-38.

[④] 李建新. 中西部农村地区人口计划生育调查之分析[J]. 人口学刊，2006(05)：53-58.

[⑤] 顾宝昌，马小红，茅倬彦. 二孩，你会生吗？生育意愿、生育行为和生育水平关系研究[M]. 北京：社会科学文献出版社，2014：07.

[⑥] MIRIAM M, MOLINA J, ALBERTO, et al. The effect of culture on the fertility decisions of immigrant women in the United States[J]. Economic Modelling, 2018, 70(1): 15-28.

平与初始迁出国的生育水平呈正相关关系。妇女的实际生育状况作为生育意愿研究不可或缺的影响因素，虽得到了部分关注，但是对其全面诠释和阐述的研究并不多见。一些针对单个群体的研究发现，育龄妇女已育的子女数与更为强烈的生育意愿呈正相关，尤丹珍、郑真真[1]，徐映梅、李霞等[2]通过对农村外出妇女的生育意愿进行研究也得出该结论。但是针对收入情况，不同研究者的观点也不一致。生育意愿和态度是会随着生活情景的改变而做出调整的。Heiland等[3]在西德的一项追踪调查数据显示，在其调查的6年的研究结果中，50%的受访者的理想子女数发生了改变。Weston[4]的研究发现，生命经历中一些重大事件会导致生育意愿和生育打算的调整。具体而言，根据学者杨菊华[5]的总结，年龄、婚姻关系、生育经历和养育经历、工作、社会规范等因素是影响生育意愿的主流因素。谢晶婷[6]、李建新等[7]、陈钟翰和吴瑞君[8]的研究结论是收入的影响与生育意愿成正相关。风笑天[9]指出，收入越高、经济条件越好的青年，他们的意愿生育数量比收入低的青年明显更高。

---

[1] 尤丹珍，郑真真. 农村外出妇女的生育意愿分析——安徽、四川的实证研究[J]. 社会学研究，2002(06)：52-62.

[2] 徐映梅，李霞. 农村外出妇女的生育意愿分析——基于鄂州、黄石、仙桃三地数据[J]. 南方人口，2010，25(02)：51-57.

[3] HEILAND, FRANK, PRSKAWETZ, et al. Are individuals' desired family sizes stable? evidence from west German panel data [J]. European Journal of Population，2008，24(2)：129-156.

[4] WESTON R, QU L X, PARKER R, et al. "It's not for lack of wanting kids…"A report on the fertility decision making project[J]. Australian Institute of Family Studies，Research Report，2004，24(2)：16.

[5] 顾宝昌，马小红，茅倬彦. 二孩，你会生吗？生育意愿、生育行为与生育水平关系研究[M]. 北京：社会科学文献出版社，2014：43-45.

[6] 谢晶婷. 城乡育龄妇女生育意愿的差异及其影响因素——基于鄂州、黄石、仙桃的实证研究[J]. 中南财经政法大学研究生报，2010(01)：46-53.

[7] 李建新，苏文勇，张月云. 中国当代育龄妇女生育意愿分析——以江苏6县市调查为例[J]. 南京人口管理干部学院学报，2011，27(02)：21-26.

[8] 陈钟翰，吴瑞君. 城市较高收入群体生育意愿偏高的现象及其理论解释——基于上海的调查[J]. 西北人口，2009，30(06)：54-57.

[9] 风笑天. 青年个体特征与生育意愿——全国12城市1786名在职青年的调查分析[J]. 江苏行政学院学报，2009(04)：62-68.

第 2 章　关于生育意愿与生育行为主题研究的梳理

而周俊山等[①]，潘丹和宁满秀[②]的有关研究中，收入与生育意愿呈负相关。此外，胡静[③]的研究结论显示，收入对生育意愿无明显影响。从具体的影响因素类别来看，生育意愿主要受六个层面的影响因素的作用。

第一，年龄的增长会影响生育意愿。Heaton 等[④]在研究中指出，对于年龄偏大的人来讲，一方面，年龄的增长可能会提升对生育的渴望，因为他们面临的是强大的生育压力，所以想在育龄之内赶紧生一个孩子。这样会导致第一胎的生育年龄普遍被推迟，这个现象在西方国家尤为明显。另一方面，如果不能实现生育期望，人们可能会降低对生育的渴求，甚至放弃生育的念头。Iacovou 等[⑤]的研究结论指出，妇女在 30 岁以后，预期子女个数会有所下降。随着年龄的增长，人们的生育意愿一般不会改变，因为年轻人的观念和计划还处于形成之中，而年长的人的意愿及决定相对成熟也更为稳定。

第二，教育对女性的赋权对生育意愿有重要影响。Bracher 等[⑥]对澳大利亚已婚女性的生育意愿进行了调查，研究结果发现，1966—1976 年间结婚的女性平均生育意愿与受教育水平呈负相关关系。而在 1977—1986 年之间结婚的女性（受调查时为 20～24 岁的女性群体），这一群体的生育意愿与受教育水平呈正相关。一部分学者通过大量的社会调查发现，受过高等教育的女性，其生育意愿下降的速度会更快[⑦]，因为接受教育的年限和实际就业情况会推迟生育的时间。[⑧]

[①] 周俊山，尹银，潘琴. 妇女地位、生育文化和生育意愿——以拉萨市为例[J]. 人口与经济，2009(03)：61-66.

[②] 潘丹，宁满秀. 收入水平、收入结构与中国农村妇女生育意愿——基于 CHNS 数据的实证分析[J]. 南方人口，2010，25(03)：45-50.

[③] 胡静. 收入、相对地位与女性的生育意愿[J]. 南方人口，2010，25(04)：3-9.

[④] HEATON T B, JACOBSON C K, HOLLAND K. Persistence and change in decisions to remain childless[J]. Journal of marriage and family，1999，61(2)：531-539.

[⑤] LACOVOU M, SKEW A J. Household structure in the EU[J]. St. Louis：Federal Reserve Bank of St Louis，2010(10).

[⑥] BRACHER M, SANTOW G. Fertility desires and fertility outcomes[J]. Journal of population research (Canberra, A. C. T.)，1991，8(1)：33-49.

[⑦] LIEFBROER A C. Changes in family size intentions across young adulthood：a life-course perspective[J]. European journal of population，2009，25(4)：363-386.

[⑧] SOBOTKA T. Sub-replacement fertility intentions in Austria [J]. European Journal of Population，2009，25(4)：387-412.

第三,婚姻关系的变化可能会改变生育意愿。在英国学者 Iacovou 等人[1]的研究中,第一次调查时受访者是单身,而在第二次追踪调查时寻找到伴侣或配偶的受访者没有改变对生育的预期;变化最大的是第一次受访时与配偶一同居住,但是在第二次受访时更换了不同的配偶或伴侣并一同居住的受访者,他们会改变原有的生育意愿选择。而学者 Mitchell 和 Gray[2],Weston 等[3]的研究结果显示,没有子女的单身男性和女性的生育意愿低于有伴侣(包括配偶和同居关系)的人,但是当他们进入婚姻关系之后,意愿会发生变化,反之亦然。

第四,生育和养育孩子的经历会影响下一胎孩子的生育意愿。Rotkirch[4]的芬兰研究和 Keim[5] 的德国研究发现,亲戚、朋友、同事的子女养育往往成为重要的角色榜样,驱使女性改变自己的生育意愿或行为,从不打算生孩子到想要一个自己的孩子。

第五,工作状态和收入对女性的生育意愿至关重要。Adsera[6]在对西班牙的生育率进行了调查后,发现女性的期望子女数与实际子女数存在着差异,并总结出经济因素对生育意愿和生育行为的变化存在影响。经济状况尤其是工作状态对于低生育意愿和低生育率起到了决定性作用,较高失业比例的经

---

[1] IACOVOU M, SKEW A J. Household structure in the EU[J]. St. Louis: Federal Reserve Bank of St Louis, 2010(10).

[2] MITCHELL D, GRAYH E. Declining fertility: intentions, attitudes and aspirations[J]. Journal of Sociology (Melbourne, Vic.), 2007, 43(1): 23-44.

[3] WESTON R, QU L X, PARKER R, et al. "It's not for lack of wanting kids…"A report on the fertility decision making project[J]. Australian Institute of Family Studies, Research Report, 2004, 24(2): 16.

[4] ROTKIRCH A. All that she wants is a (nother) baby? Longing for children as a fertility incentive of growing importance[J]. Journal of evolutionary psychology (Budapest), 2007, 5(1): 89-104.

[5] KEIM S, KLÄRNER A, BERNARDI L. Qualifying social influence on fertility intentions: composition, structure and meaning of fertility-relevant social networks in western Germany[J]. Current sociology, 2009, 57(6): 888-907.

[6] ADSERA A. An economic analysis of the gap between desired and actual fertility: The case of Spain[J]. Review of economics of the household, 2006, 4(1): 75-95.

第2章 关于生育意愿与生育行为主题研究的梳理

济情况下，育龄女性难以负担生育带来的成本和压力。Heiland等[1]发现，一段时间的失业经历与家庭规模意愿呈负相关。Francesca[2]对意大利已生育一个孩子的女性群体的第二次生育目的进行了研究，发现第二次生育如果导致了经济水平的下降，其第二次生育意愿就会减弱。

第六，社会性的因素如社会经济、文化、政策等会在一定程度上左右人们的生育意愿。Upadhyay等[3]在研究中发现，在家庭和社会参与过程中女性获得的地位越高，生育意愿就越低，生育孩子之间的时间间隔也会越来越长。Berrington[4]从父母的教育期望、子女的教育能力、青少年时期教育水平三个方面对青少年时期男女两性、成年初期男女两性基于教育差异体现上的生育意愿进行了深入分析，并总结出不同的社会经济背景下，父母对青少年时期的子女组建家庭的偏好产生影响，父母的教育期望和教育能力体现出其受教育的差异，并对生育意愿产生重要影响。西方社会有关于节育的思想，源于马尔萨斯的人口理论。20世纪30年代，英国首次使用"家庭生育计划"(family planning)一词，开展家庭节育和计划活动，并于20世纪六七十年代被广泛普及。而后，因整体生育率的降低，生育水平持续低于更替水平，欧洲国家开始执行实施鼓励生育的政策。正如西方社会的政策调整，中国于2016年全面放开了二胎生育政策，结束了30余年的计划生育调控。政策的导向，在某种程度上也可以改变和影响居民的生育意愿。

在二胎生育意愿影响因素研究的相关方面，众多学者有针对性地展开了更深入的探讨。风笑天通过中国知网(CNKI)检索，总结了集中探讨育龄人群的12篇核心研究的观点。其中，祖辈支持及意愿和家庭收入这两个因素对育龄群体的二孩生育意愿具有显著的正向影响，然而，家庭收入层面在城市单

---

[1] HEILAND F, PRSKAWETZ A, C SANDERSON W, et al. Are individuals' desired family sizes stable? evidence from west German panel data [J]. European Journal of Population, 2008, 24(2): 129-156.

[2] FRANCESCA F. Economic Insecurity and the fertility intentions of Italian women with one child [J]. Population Res Policy Rev, 2013, (32): 373-413.

[3] UPADHYAY U D, GIPSON J D, WITHERS M, et al. Women's empowerment and fertility: a review of the literature[J]. Social science & medicine (1982), 2014, 115: 111-120.

[4] BERRINGTON A, PATTARO S. Educational differences in fertility desires, intentions and behavior: a life course perspective[J]. Advances in Life Course Research, 2014, 21: 10-27.

生育意愿与生育行为的影响因素研究——对特定职业女性群体的分析

双独家庭中影响可能不显著。妇女的年龄这一因素对女性二胎意愿产生了显著的负向影响,比较符合女性生理结构特点。地区因素、一孩性别和户口性质对育龄人群的二胎生育意愿具有一定的影响。但是第一个孩子的性别会因调查对象城乡身份的不同而产生不同影响,且只对农村居民显著。而户口性质只存在于真正的城乡居民之间,流动人口和第一代城市与乡村已育的独生子女之间几乎没有差别。健康状况与适育龄女性的二孩生育意愿无关。对于文化程度因素的影响,现有研究仍未获得确切的结果。[①] 在聚焦于城市中一孩育龄人群的调查与分析中,风笑天[②]发现经济压力大和忙于工作缺少时间这两个客观原因主要影响了育龄群体对生育二孩的意愿。除此以外,更重要的则是育龄群体主观上认为"生育一个孩子最为合适",普遍的研究聚焦于对于育龄女性的客观层面的因素探索,却忽略了现今城市生育主体的主观态度。

2. 社会心理学分析视角

20世纪末以来,有关生育意愿的心理学研究得到了发展,并形成了以计划行为理论和生育动机理论为主的分析范式。

解释和预测人类的行为是心理学研究的基本内容。计划行为理论(theory of planned behavior)模型由Ajzen[③]在1991年提出,该理论主要解释决定行为意向的因素,并强调人类的行为是由行为信念、标准信念和控制信念驱动的。计划行为理论在对生育意愿的分析中,把生育看作一种有计划的行为,重点关注三重因素对生育意愿的影响:一是基于孩子的"成本-效用"的预估后对生育的态度;二是家庭成员与周围亲朋的生育主观规范;三是个体对生育行为的有意识的控制能力。[④] 计划行为理论基于理性计算的前提,把生育行为看作一种有计划的、经过深思熟虑后的思考结果,认为生育意愿取决于生育态度、主观规范和知觉行为控制三个基本要素。[⑤]

[①] 风笑天.影响育龄人群二孩生育意愿的真相究竟是什么[J].探索与争鸣,2018(10):54-61.

[②] 风笑天.为什么不生二孩:对城市一孩育龄人群的调查与分析[J].河北学刊,2018,38(06):180-187.

[③] AJZEN I. The theory of planned behavior, organizational behavior and human decision processes[J]. Journal of Leisure Research, 1991, 50(2).

[④] 吴帆.生育意愿研究:理论与实证[J].社会学研究,2020,35(04):218-240.

[⑤] AIZEN I, KLOBAS J. Fertility intentions: an approach based on the theory of planned behavior[J]. Demographic research, 2013(29): 8.

第 2 章　关于生育意愿与生育行为主题研究的梳理

生育动机在社会心理学中主要存在生育动机层次论和动机序列理论两大研究方向。生育动机层次论在有关于生育决策和生育行为的动机研究关注中，将生育决策的动机分为了内在动因和外在诱因两类。[1] 张义泉[2]认为，生育动机由内部条件和外部条件构成，内部条件是指主体没有得到满足的生育需要，如传宗接代的观念需求、孩子效用的经济需求，以及自我实现和安全感的需要等；而外部条件是指形塑生育意愿的外部因素，如社会经济、制度、文化以及环境等影响。李银河[3]通过调查后发现，城市与农村的居民在生育动机上存在着显著差异。绝大多数的中国农民并未脱离匮乏性动机的范畴，而城市居民的生育动机已经开始显露超越性的特征，不同的生育动机驱动的生育行为显然会体现不一样的决策结果。而动机序列理论则强调性格对生育意愿和生育行为的重要影响。动机序列理论将生育意愿看作一个复杂并依次序转换的决策过程，并且将生育动机区分为一般动机，中间动机和特定动机三个层面。[4] 一般动机是指"生与不生"的简单生育倾向，中间动机表达了一般动机具体化后对生育与不生育的促成关系，而特定动机则强调了个体的生育观念或态度，并且能直接转化为生育期望。

3. 生物人口学分析视角

生物人口学的分析视域体现了生命科学与生育质量文化的耦合关系。在达尔文"物竞天择，适者生存"和"优胜劣汰"思想的影响下，高尔顿创立了"优生学"，希望通过人工选择遗传性状与定向繁育后代来改良人类血统。[5] 此外，产前诊断技术的不断提升，形成了遗传咨询、产前诊断和选择流产三者结合的"新优生学"。[6] 而行为遗传学和分子遗传学的研究结果表明，遗传因素对生

---

[1] 庄渝霞. 国内生育决策理论研究脉络评述[J]. 科学发展，2009(03)：80-86.
[2] 张义泉. 从心理学探讨生育动机的发生及其控制[J]. 人口与计划生育，1994(03)：05.
[3] 李银河. 生育与村落文化[M]. 北京：文化艺术出版社，2003：88.
[4] MILLER W B, PASTA D J. Motivational and nonmotivational determinants of child-number desires[J]. Population and Environment，1993，15(2)：113-138.
[5] 蒋功成. 章炳麟与西方遗传学说在近代中国的传播[J]. 自然辩证法研究，2009，25(08)：86-90.
[6] 严仁英. 实用优生学[M]. 北京：人民卫生出版社，1986：07.

育动机和生育行为结果具有重要影响。[1] 生物倾向通过潜意识这个媒介对生育意愿与生育决策产生作用。[2] 生物人口学通过基因差异和遗传性因素对生育意愿作出了解释,并强调基因性因素通过生育期望对生育意愿产生影响。

2.3 生育行为与实际生育水平的主要研究

在对生育行为的研究中,国内众多学者关注城市与农村生育行为的差异性研究。如葛晓萍[3]的研究显示,在中国现阶段,城市和农村居民的生育行为仍然存在差异,养老和传后依旧是农村居民的主要生育目的,而生育观念是决定生育行为的关键所在。郭剑雄[4]研究发现,相对于城市来说,农村地区的高生育率和低人力资本积累率所导致的马尔萨斯稳态是农民收入增长困难的根本原因;而城市人口已进入低生育率、高人力资本存量和高人力资本积累率共同推动的持续增长均衡阶段,因此,城乡收入差距调节政策的主要着眼点,应是提高农村居民的人力资本水平,并降低其生育率。姚从容等人[5]分析了2000—2008年国内有关生育意愿的调查资料和研究文献,并指出:城乡居民意愿生育子女数的差异逐渐缩小,但意愿生育性别的差异仍然显著;居民外出流动对生育意愿与生育行为的影响较大,生育年龄呈继续后移趋势,生育成本增高已成为生育意愿下降的主要原因。郝娟、邱长溶[6]对我国城乡生育水平、发展趋势及差异程度进行了对比研究,结果显示,尽管十年中生育水平呈现波动状态,但农村总和生育率一直都低于1.8,城镇则低于1.3,两者的差异在近几年有逐步缩小的趋势;城乡生育水平差异主要来自二孩生育率

---

[1] RODGERS J L, HUGHES K, KOHLER H, et al. Genetic influence helps explain variation in human fertility: evidence from recent behavioral and molecular genetic studies[J]. Current directions in psychological science: a journal of the American psychological society, 2001, 10(5): 184-188.

[2] FOSTER C. The limits to low fertility: a biosocial approach[J]. Population and development review, 2000, 26(2): 209-234.

[3] 葛晓萍. 中国现阶段城乡居民生育观念的差异分析[J]. 西北人口, 2004(02): 5-7.

[4] 郭剑雄. 人力资本、生育率与城乡收入差距的收敛[J]. 中国社会科学, 2005(03): 27-37.

[5] 姚从容, 吴帆, 李建民. 我国城乡居民生育意愿调查研究综述: 2000—2008[J]. 人口学刊, 2010(02): 17-22.

[6] 郝娟, 邱长溶. 2000年以来中国城乡生育水平的比较分析[J]. 南方人口, 2011, 26(05): 27-33.

第 2 章　关于生育意愿与生育行为主题研究的梳理

的差异，二孩生育率近十年来有微弱上升趋势；一孩生育率受民俗等因素影响较大，城镇波动大于农村；平均生育年龄推迟现象在城镇、农村一直都在缓慢持续。

许多研究更多关注对我国实际生育水平的影响因素的分析。在早期的一些研究中，有的学者认为是中国的计划生育政策导致了生育率的快速下降。[1] 因为随着计生政策的推行，几十年来，生育政策已经固定化于人们日常生活当中并成为其一部分。[2] 然而，很多其他的学者表示，中国的生育率的下降不能只归因于计划生育政策，还应当重视经济社会发展的作用，只关注政策规范而忽视社会经济发展是不妥当的。[3] 大多数学者的研究认为这两个因素共同作用导致了中国生育率的下降。陈卫[4]的研究结论表明，中国生育水平的下降是社会经济发展和计划生育共同作用的结果。在相同观点的其他研究中，认为以 1990 年为界限，70 年代和 80 年代生育水平的下降是计划生育政策的行政规范的结果，1990 年之后的下降则是受到了我国社会和经济的发展的影响。[5] Merli 和 Morgan[6]的研究结果显示，经济领域的解放令日常生活变得商品化和货币化，加上教育费用的上涨和养育成本的上涨，这些因素使得即使现在放开生育政策，中国的生育率也会继续维持在更替水平之下。也有研究判断，经济社会发展的因素越来越占据了主要地位。[7] 从个体层面来看，母亲的受教育程度、家庭收入、性别偏好等因素也在不同程度上影响了实际生育行为。

---

[1] WOLF A. Options for fertility policy transition in China [J]. Population and Development Review，2007，33(2)：255-276.

[2] NIE，Y，L，WYMAN R J. The one child policy in Shanghai：acceptance and internalization[J]. Population and Development Review，2005，31(3)：313-336.

[3] PENG X Z. Major determinants of China's fertility transition [J]. The China Quarterly (London)，1989，117(117)：1-37.

[4] 陈卫. 改革开放 30 年与中国人口的转变[J]. 人口研究，2008(06)：18-29.

[5] 李建民. 生育理性和生育决策与我国低生育水平稳定机制的转变[J]. 人口研究，2004(06)：2-18.

[6] MERLI M G，MORGAN S P. Below replacement fertility preferences in Shanghai [J]. Population (English ed.：2002)，2011，66(3/4)：519-542.

[7] CAI，Y. An assessment of China's fertility level using variable-r method[J]. Demography，2008，45(2)：271-282.

2.4 生育意愿与生育行为之间的关系探讨

在众多研究中，对于认同生育意愿和生育行为"等同论"的研究曲高和寡，但是认为生育意愿与实际生育情况存在差异的却比较普遍。在绝大多数低生育率国家，人们的生育意愿都超过或接近实际生育水平。1989年，针对欧洲12个国家的调查结果显示，人们的平均意愿子女数为2.16个。[①] 而在1989年，欧洲共同体国家的平均生育率为1.6，较意愿子女数低了0.6个。在Hagewen与Morgan的研究中，首先，所有国家的人们的理想子女数都大于实际生育水平。其次，在他们研究的17个国家中，9个国家的意愿子女数达到或者超过2个孩子，4个国家的达到2.5个，但是这17个国家的实际生育水平都低于2个。[②] 在中国的生育意愿和生育行为的研究中，由于生育政策的介入，意愿与行为之间的关系存在着不确定性和复杂性。多个大型调查数据显示，意愿子女数大于实际行为的现象比较普遍。不仅在大城市中和发达地区人们的生育意愿高于行为，在落后不发达区域也出现了此类现象。顾宝昌[③]在对湖北省宜昌市的长阳和五峰土家族自治县的研究中发现，多数人希望生两个孩子，但其近十年的总和生育率始终上下浮动于1.0左右。宋健、陈芳[④]的调查发现，生育数量方面意愿与行为背离的主导人群理想子女数为2个但实际子女数为1个。

在探析生育意愿和生育行为之间的差异原因方面，Bongaarts[⑤]首先提出了生育意愿和生育行为的差异理论。他在观察了发达国家和部分亚洲国家的生育意愿和实际生育水平之间的差异之后，提出了影响生育意愿和生育行为背离的六大因素。非意愿生育（unwanted fertility）、替代孩子死亡的生育

---

① LUTZ W. Future reproductive behavior in industrialized countries[J]. The Future Population of The World, 1994. 253-277.

② HAGEWEN K J, MORGAN S P. Intended and ideal family size in the United States, 1970-2002[J]. Population and development review, 2005, 31(3): 507-527.

③ 顾宝昌. 生育意愿、生育行为和生育水平[J]. 人口研究, 2011, 35(02): 43-59.

④ 宋健, 陈芳. 城市青年生育意愿与行为的背离及影响因素：来自4个城市的调查[J]. 中国人口科学, 2010(05): 103-110.

⑤ BONGAARTS J. Fertility and reproductive preferences in post-transitional societies [J]. Population and development review, 2001, 27(supp): 260-281.

第 2 章　关于生育意愿与生育行为主题研究的梳理

(replacement effect)和性别偏好(gender preference)是促使实际生育水平高于生育意愿的三种影响因素;年龄的推后(tempo effect)、非自愿不孕不育(infecundity)和竞争性因素(competition effect)三个影响因素会促使实际生育水平低于生育意愿。茅倬彦[①]利用"江苏省生育意愿与生育行为研究"调查数据,验证了 Bongaarts 的影响生育意愿高于实际生育水平的三大因素,即非意愿生育(unwanted fertility)、替代孩子死亡的生育(replacement effect)和性别偏好(gender preference)。杨菊华[②]的综述中在发达国家生育行为和生育意愿研究的基础上,描述了发达国家和中国的生育意愿、行为背离的现状,并分析了其背后的原因,最后对生育意愿和生育水平的走向提出了思考。

2.5　有关身体思想与生育行为的研究

2.5.1　古典社会思想中的身体

在主流的西方社会学中,"身体"这一现象曾经长期被忽视。[③] 希林将身体称之为"缺席的在场"。身体概念的哲学谱系对于西方社会理论研究的身体视角转向意义深远。"身体"作为一个理论研究概念,最先得到了哲学家的关注,并长期处于"身心二元对立"的不平等状态中。哲学家柏拉图所倡导的"实在与现象的二元划分"思想,将"身体"置于"心灵"的地位之下,认为身体是灵魂通向智慧、真理和道德的障碍。自此后,西方社会开启了一段长期的对身体压抑的过程。身体自 17 世纪开始,遭到了科学与理性的轻视,并在心灵对知识与真理的探求中,逐渐消失。[④] 而此之后的笛卡尔,将身心的界限进一步分明,认为"身体"和"心灵"是毫无关联的两种存在。受笛卡尔的"身心二元论"思想的影响,古典社会学中认为身体是一种客观环境的存在。身体作为一种实际的"物质载体",对其的研究更多关注在生物性及医学性两方面。人文社

[①]　茅倬彦. 生育意愿与生育行为差异的实证分析[J]. 人口与经济, 2009(02): 16-22.
[②]　杨菊华. 意愿与行为的悖离: 发达国家生育意愿与生育行为研究述评及对中国的启示[J]. 学海, 2008(01): 27-37.
[③]　郑震. 论身体[J]. 社会学研究, 2003(01): 52-59.
[④]　汪民安, 陈永国. 身体转向[J]. 外国文学, 2004(01): 36-44.

会科学研究的重点集中在对"心灵"的关注与阐释。[①] 而尼采在此之上批判性地认为身体是认知的基石，提出"重估一切价值"，将人看作是身体的存在[②]，认为"身体是比陈旧的'灵魂'更令人惊异的思想"。[③] 在尼采身体哲学思想的影响下，身体主题开始逐渐回归哲学的研究，并对后续社会学的身体研究产生了重要的影响。

在上述哲学思潮的陶染下，古典社会学家对于身体的讨论大多集中于身体的客体身份层面。例如，社会学家斯宾塞提出的"社会有机体论"认为，社会有机体跟生物体相似，存在着三重重要的系统：社会生产部门——营养系统，社会流通部门——循环系统，社会管理机构——神经系统，并且跟生物体一样，社会三类系统也要经历不断进化的过程。涂尔干在"社会事实"的研究基础上，关注了社会事实融入个体身体之中的倾向。在《自杀论》中，涂尔干认为在强大的社会事实面前，个体身体最严重的行为表现就是—自杀。涂尔干进而还对图腾、文身等进行了分析，认为是部落成员分析共同生活的体现，并总结了身体的"生理性"和"社会化"两个层面。韦伯[④]对身体的分析，被特纳看作为对"现代性与身体"研究的隐晦表现。在《新教伦理与资本主义精神》一书中，韦伯考察了"天职"观，认为这种观念对身体存在管理与控制。依照前述经典社会理论，身体的研究具有双重的地位，既以身体生物客体为中心进行了集中研究，也通过理论著述在社会身体主题进行了分析阐释。

2.5.2 身体理论的当代转向

20 世纪 80 年代开始，女性主义、消费主义思潮兴起，西方资本主义社会结构逐步变迁，身体被置于经济、政治、社会背景中讨论，越来越多的社会科学研究者开始强调"具身性"和"具身体现"在社会科学研究中的重要地位，身体研究也成了研究关注的焦点。随着英国社会学家布莱恩·特纳的《身体与社会》一书的问世，身体研究以多元研究维度对身体的复杂性以及身体的社会

---

① 赵方杜. 身体社会学：理解当代社会的新视阈[J]. 华东理工大学学报(社会科学版)，2012，27(04)：27-35.
② 赵方杜，侯钧生. 论身体社会学的产生与思考[J]. 理论与现代化，2010(02)：98-104.
③ 尼采. 苏鲁支语录[M]. 徐梵澄，译. 北京：商务印书馆，1991：99.
④ 希林. 身体与社会理论[M]. 李康，译. 北京：北京大学出版社. 2010：51.

第 2 章 关于生育意愿与生育行为主题研究的梳理

行动等进行了社会学理论的整合与分析,身体社会学正式诞生。而特纳与费斯通于1995年创办的杂志《身体与社会》,更是将身体社会学研究的影响力进一步提升,成为学界公认的一个研究领域。[①] 随着后工业时代的来临,个体性逐渐得以凸显,社会学界对身体思考聚焦于"具身"(embodiment)的视角,不仅强调身体自身在人的认知与行动中的作用,而且关注身体的多元属性。至此,社会学家对身体展开了多样化的理论阐释,西方身体社会学研究呈现了"百家争鸣"的景象。

1. 社会建构的身体研究

身体的社会建构论研究主要以建构主义和女性主义的研究为代表。[②] 女性主义的研究目的在于揭示与批判两性之间的差异和不平等,强调性别的社会建构意义,进而否定生理性别之于身体的重要内涵。

社会建构论者认为身体出自社会建构,并同时拥有自然生物性和社会性。道格拉斯[③]强调身体的社会塑造性,在《自然象征》中,道格拉斯认为,人的身体可以直观反映社会系统,特定群体对身体的思路应当对应它们所处的社会位置。她认为社会身体约束了人们以何种方式体验与领会物理身体,这些感知与体会将物理身体看作是基础,社会身体看作为本质。在福柯的观点中,身体的生物性已逐渐"式微",逐步成了具有高度的可塑性和不稳定性的社会建构的产物。[④] 此外,著名拟戏剧论者戈夫曼以微观的视角最早对身体表现进行了较为深入的分析,在考察了公共场所和私人场所的行为、污名和自我呈现后,戈夫曼利用上述内容研究了社会互动的身体。戈夫曼在著作《日常生活的自我呈现》中提出,整个社会是一个巨大的舞台,我们每个人都是在这个舞台上的一个角色,日常生活中的社会情景是剧场,个体间的互动过程是表演。人们在表演过程中,通过控制身体、动作、表情等来进行展示。因此,在社会生活中,人们也同样通过对身体反思性的控制与调节来进行行为表现,并不断与他人互动。

[①] 赵方杜,侯钧生. 论身体社会学的产生与思考[J]. 理论与现代化,2010(02):98-104.

[②] 文军. 身体意识的觉醒:西方身体社会学理论的发展与反思[J]. 华东师范大学学报(哲学社会科学版),2008,40(06):73-81.

[③] DOUGLAS M. Natural symbols: explorations in cosmology[M]. London: Cresset,1970:72.

[④] 希林. 身体与社会理论[M]. 李康,译. 北京:北京大学出版社,2010:121.

值得关注的是，福柯作为后结构主义者，关注话语、权力对身体的管理与控制。在福柯看来，身体是产生权力的客体，并对权力不断进行控制、认同以及再生产。支配身体物质性的权力可分成两个独立却相互关联的方面——"训诫身体"和"调控人口"。① 训诫身体即福柯所谓的个体身体（the individual body），意指"人类身体的解剖政治学"。训诫身体以优化身体功能为目的，医疗检查和身体规训都是训诫身体涉及的范畴。人口的调控也就是所谓的社会人口身体（the populations body），包含生命的政治意涵。国家政府利用人口统计、公共卫生和流行病学等科学方法，关注社会人口的整体结构，把握生育水平，并了解整体社会人群的身体和健康素质。福柯的人口监管和控制的身体理论对后续研究产生了重要的影响。特纳认为，单数的身体和复数的身体（即人口）都应被考察，身体活动存在内部和外部两种空间，身体内部空间要面对家庭对个体的身体需求和欲望给予的规训控制，而身体的外部空间则体现在日常生活的表现中。家庭内部对于繁衍（reproduction）的有效控制可以防止人口因急剧增加而产生问题，正如马尔萨斯的人口理论。国家通过社会政策和制度的实施，对人口、生育进行调控，这也是人口外部空间的规训体现。②

2. 社会文化的身体研究

身体是文化的象征，这种研究以文化人类学的研究内容为代表。人类学长期对身体的关注对身体社会科学研究起到了开拓性的作用。在以身体文化象征研究为代表的学者中，莫斯（Mauss）和道格拉斯（Douglas）的贡献尤为突出。道格拉斯在著作中，将身体表述为一个具有象征意义的文化系统。莫斯创造了"身体技术"一词，用来指代不同社会中，人们根据社会传统使用身体的方式。例如，吃饭作为最为根本的一种身体技术，它既是一种具有基本生理功能的活动，但同时也要经历很大的文化中介。③ 在此观点中，人的身体表现与社会文化直接关联，并不断通过训练获得为社会所认可的身体技术。

随着消费社会的兴起，身体问题也在受到关注的同时与消费文化紧密相

---

① 特纳. 身体与社会[M]. 马海良, 赵国新, 译. 沈阳: 春风文艺出版社. 2000: 94.
② 同①: 243.
③ 同①: 102.

第2章 关于生育意愿与生育行为主题研究的梳理

连。现代人对于身体的审美性质日渐重视,并不断以身体维护和保养为目的投入消费。特纳[①]认为,现代自我的出现是与消费主义的发展紧密联系的,现在的自我意识与无限制的对于快乐之物(食物、符号以及消费品)的个人消费观念紧密联系。消费的自我观念具有现代个人主义的典型特征。弗兰克[②]提出,身体在进入社会互动时,每一项理想身体类型都会通过具体的行动模式展开,获得相对的角色。因此,规训态身体(disciplined body)可以通过规制化、理性化的控制展开,镜像态身体(mirroring body)通过商店的消费来产生,这与鲍德里亚的消费理论相似。美国著名学者奥尼尔将身体的样态做了五种区分,总结出身体包含了社会的身体,世界的身体,政治的身体,医疗的身体以及消费的身体。其中,消费身体的提出,体现了人们在生命过程中对于身体和心灵需求的不断满足。在身体与社会的交织过程中,专注于文化视域的理论研究一方面展示了身体的文化象征意义,另一方面也凝练了文化对身体控制、规训的过程。

3. 社会实践的身体研究

身体不仅产生了自我认同与社会互动,同时还为行动提供了重要影响。特纳在《身体与社会》一书中提出,身体是人们施以劳动的对象,诸如饮食、睡眠、锻炼等形式的劳动可被称作身体实践,身体实践既可以是个体的,也可以是群体的。社会学家戈夫曼以日常的生活实践为视域对身体进行了深入研究,他认为身体以身体控制和身体管理为途径实现了自我认同。例如,他对脸面劳动(face work)的论述认为,如果人们想要对"表演出"(act out)的特定角色显出非常自信的样子,就必须要遵守日常接触的身体习语规则。例如,基层劳动者会"假装忙碌",通过操控自己的身体给监管者以外在的印象。[③] 因此,想要维持日常接触的顺利流动,且同时维护社会角色的完整(integrity),关键是要做好脸面劳动(face work)和身体劳动(body work)。[④] 此外,莫斯(Mauss)、布迪厄以及当代学者 Farquhar 和学者 Lock 的研究也对身体的实践

---

① 特纳. 身体与社会[M]. 马海良,赵国新,译. 沈阳:春风文艺出版社,2000:127.
② 赵方杜. 身体社会学:理解当代社会的新视阈[J]. 华东理工大学学报(社会科学版),2012,27(04):27-35.
③ 戈夫曼. 日常生活中的自我呈现[M]. 北京:北京大学出版社,2008:35.
④ 希林. 身体与社会理论[M]. 李康,译. 北京:北京大学出版社,2010:125.

性给予了充分阐释。莫斯在著作中较为系统地阐释了身体即是实践的思想，他认为身体行为（坐、站、行走等）都是社会实践的结果。[①] 布迪厄与社会实践相关的"惯习"的表述，显示出身体在日常生活中的中心地位。在布迪厄看来，身体拥有文化资本，而这种文化资本是通过向外部身体的特定实践来获取的。[②] 当代学者 Farquhar 和学者 Lock[③] 在研究中总结发现，学界在过去的二十多年的研究中，基于传统的主题（身体意义与行为、身体与社会等）发展出新的关注焦点，即"鲜活的身体"（也成为"活生生的身体"，the lived body）。换句话说，学界对于身体的探析不仅仅存在于传统研究的物质性、时间、空间等维度，还扩展至对实践、话语、场域、制度以及隐喻等维度。

2.5.3 女性身体的研究视域

1. 身体体现

有关女性身体体现的研究中，最为基础的是性别研究视角。性别的建构既包含与生俱来的生物性质，也包含了社会属性的形塑过程。女性主义强调女性在公共领域中的角色转变，并对父权制社会加以批判。这样的研究论点和研究视域将身体置于较为突出的位置。[④] 特纳认为，身体社会学的研究主题不能离开性和情感的分工。性别研究关注的核心在于女性的从属地位问题。父权制社会下女性承担了繁衍的社会角色，使之与自然直接关联，因此，形成了男人对女人的权力体系。波伏娃在著作《第二性》中强调："女人并非与生俱来，而是被社会定义而成的。"[⑤] 这实质上阐释了社会通过女性的生物性质将其形塑成"女人"的过程。女性主义的大部分论点都围绕着女性在家庭之内的繁衍角色，但这是对妇女地位的一种相对片面的看法。女性的社会地位的一个特殊关注点是该群体角色的矛盾：既是家庭劳力，又是经济工人。女性不但生产使用价值，并且当她们加入外面的劳动时，也生产交换价值。[⑥] 女性的

---

① 文军. 身体意识的觉醒：西方身体社会学理论的发展与反思[J]. 华东师范大学学报（哲学社会科学版），2008，40(06)：73-81.

② 同①.

③ FARQUHAR J, LOCK M. Beyond the body proper: reading the anthropology of material life [M]. Durham : Duke University Press, 2007：29.

④ 刘少杰. 当代国外社会学理论[M]. 北京：中国人民大学出版社，2009：150.

⑤ 波伏娃. 第二性[M]. 郑克鲁，译. 上海：上海译文出版社，2011：9.

⑥ GARDINER J. Women's domestic labour[J]. New Left Reviewer, 1975(1)：89.

第 2 章 关于生育意愿与生育行为主题研究的梳理

生理特质(月经、孕育、生产等)让女性群体在社会中扮演自然性、生物性的角色,并长期处于"第二性"的地位,受父权社会的控制。根据福柯有关于女性问题的权力理论,18 世纪的西方社会是以人类生命作为国家的治理理由,这种围绕生命展开的权力机制被福柯称为生命权力。[1] 福柯在《性经验史》中谈及对女性的控制主要体现在生命权力、性与女性这三者的连续性中。生命的权力围绕着个体身体生命和人口生命两个脉络展开,体现了规训和调整的权力。女性主义在 20 世纪 80 年代后的兴起,要求女性地位及主体性的重塑,并在权力、政治、个体性等方面进行了抗争。受福柯有关身体思想的影响,"身体政治"研究主题逐渐成了女性主义发展的显学。[2]

2. 身体的主体性与生育实践

近年来,有关女性的身体社会学研究中,女性主体性的建构与发展成了宏观研究方面的重要议题。众多学者基于身体社会学的理论基础,从政治、经济、文化等多种面向对女性的主体性进行了分析。在理论研究层面,万益、李昀[3]对后女性主义解构无能的规避、解构的重新关联以及女性主体性进行了系统的分析,并基于克里斯娃后学语境对身体主体进行建构,让主体规避同一性,主体性短暂出场得以重返政治领域。赵小华[4]以女性主体性为视角对马克思主义妇女观进行了分析解读。希林[5]强调了文化与技术的"具身状态",并关注肉身性与社会关系的"具身"理论转向。吴小英[6]认为,国家、市场与传统文化是构成性别话语的三个要素,并强调市场化改变了国家话语的叙述内容,并促成了市场话语与传统话语的缔结。转型后的性别话语表现为一种在现代性和个体对自由的诉求中,主体选择的策略性。佟新[7]在《社会性别研究导论》

---

[1] 戴蓓芬. 福柯主体理论及其女性主义应用[M]. 北京:清华大学出版社,2019:118.
[2] 范燕燕. "正常"分娩:剖腹产场域中的身体、权力与医学化[D]. 金华:浙江师范大学,2014.
[3] 万益,李昀. 后解构的女性主体性:在"现"与"后"之间游走[J]. 广西大学学报(哲学社会科学版),2012,34(01):84-88.
[4] 赵小华. 女性主体性:对马克思主义妇女观的一种新解读[J]. 妇女研究论丛,2004(04):10-15.
[5] 希林. 身体与社会理论[M]. 李康,译. 北京:北京大学出版社,2010:04.
[6] 吴小英. 市场化背景下性别话语的转型[J]. 中国社会科学,2009(02):163-176.
[7] 佟新. 社会性别研究导论:两性不平等的社会机制分析[M]. 北京:北京大学出版社,2007:89.

中将性关系视为两性不平等关系的重要社会机制因素进行讨论,并指出性关系是在诸多的社会关系中个人实现的性权利,它揭示出日常生活的各种亲密关系中,权力的无处不在。[1]

在身体的微观视角中,"医疗的身体"这一新的具身性实践研究成了热门讨论的议题。医疗身体的具身实践研究主要围绕女性的生育、不孕以及辅助性生殖等方面展开论述。林晓珊[2]认为,现代的医疗技术变迁深度影响了城市女性的母职体验,产前检查成了孕妇必须承受的新的健康伦理,"妊娠身体"的主体怀孕体验逐渐被医疗技术所取代,自身主体性的消失也遂使母职体验演变成基于现代医学健康理念下的某种想象。杨丽、孙志敏[3]从社会支持的视角对不孕不育女性创伤后的恢复与应对方式进行了相关探讨。李彧白[4]以"具身实践"作为核心概念,以民族地区生育医疗化作为研究背景,尝试分析经历生育的女性身体在与医疗、文化与社会关系等要素的交互影响下展开行动的过程。身体在医疗技术与社会情境的互动下,生殖辅助技术为孕妇的身体体验带来了新层面的行动制约。

辅助生殖技术(assisted reproductive technology,ART),指采用医疗技术手段为辅助方式为不孕不育的夫妇提供妊娠技术。辅助生殖为渴望生育的不育女性提供了生育的机会与可能,同时也为这些女性增加了希望和焦虑的具身性体验。采用辅助生殖技术的女性通过感知上述具身的体验后,为了应对辅助生殖技术的不确定性与道德压力,会采用积极的态度从地方文化中学习应对策略。[5]辅助生殖技术从时间性身体、多重身体和集体身体三个方面分别对女性介入和塑造,"做试管"的女性在生殖医学中心和家庭旅馆之间往返,

---

[1] 佟新. 社会性别研究导论:两性不平等的社会机制分析[M]. 北京:北京大学出版社,2007:89.

[2] 林晓珊. 母职的想象:城市女性的产前检查、身体经验与主体性[J]. 社会,2011,31(05):133-157.

[3] 杨丽,孙志敏. 不孕不育女性患者创伤后成长与社会支持应对方式的相关性探讨[J]. 黑龙江中医药,2019,48(06):126-127.

[4] 李彧白. 生育事件中女性的身体经验与具身实践基于在甘南藏族自治州的调研[J]. 社会,2020,40(06):157-185.

[5] 余成普,李宛霖,邓明芬. 希望与焦虑:辅助生殖技术中女性患者的具身体验研究[J]. 社会,2019,39(04):84-115.

各种实践、话语、影像、特殊地点以及事件的汇聚，呈现了内生多元、变动不居的特性。[①] 医疗性技术的关联与介入，与社会文化、社会情境以及社会关系等要素相互缔结，重塑了女性身体的具身实践与体验，更丰富了社会生活中的性别实践。

2.6 对以往研究的回应

通过对以往女性生育问题的研究综述可以看出，学界的成果多集中于对生育意愿和生育行为的理论阐释、影响因素的探讨和意愿差异化的分析三个层面。而以身体视域展开的女性研究一方面基于身体体现在欲望规训、性别和权力等方面展开理论阐释，另一方面，医疗的、消费的以及文化的多样场域之下的身体具身实践为女性身体的介入与塑造勾勒出了新的研究路径。现有相关研究多沿用西方理论，其内容和数量也随着对各阶段的研究发展呈现不断上升的态势。但在这些研究中，针对工作稳定程度的判断以及身体的主体性叙述在女性生育意愿的相关研究中较为缺乏，对社会性的身体变化以及生育事件中的经验性身体也没有做出更为具体的阐释。

2.6.1 研究呈现理论西化取向的特征

当前有关生育问题的研究和身体问题的探索皆大量沿用了西方理论，研究方式与研究框架也基于对西方研究的借鉴应用在本土研究中。根据前文生育决策的研究综述，经济层面、心理层面和社会层面的分析理论经由西方学者基于社会调查研究事实提出，并对中国学者的研究产生了重要影响。西方社会低生育率的背景下，大量有关生育意愿的经验研究为中国研究者提供了理论分析依据，不论在生育意愿的内涵研究还是生育意愿的影响因素分析，个体和社会层面的框架构建都为本土研究打开了思路。而从历史发展的脉络来看，身体社会学的产生源于西方哲学思想中对身体的认识，随着身体在医学、生物学等自然学科的研究发展，身体逐渐得到了人文社会科学(哲学、历史学、社会学、人类学以及艺术学等)的关注，并在研究中涌现出大批后结构

[①] 赖立里，戴媛媛. 多重身体：辅助生殖技术实践的人类学观察[J]. 妇女研究论丛，2022(06)：32-42.

主义、女性主义、现代主义和文化研究等领域的突出成果。当今身体社会学的理论旨趣存在着内在的连续性,从古典社会学时期涌现的代表性社会学家斯宾塞、马克思、涂尔干、韦伯、齐美尔、莫斯,到当代身体研究的重要领军人物戈夫曼、福柯、庞蒂、布迪厄、吉登斯等,身体理论一直在西方研究领域保持着延续和发展。现下学界对于身体的关注,正是基于身体理论发展的基础上,对身体、经济、文化和社会之间的互动联系的转变回应。身体叙事的理论路径和范式转变,从实质上表达了对传统知识的修正、扩展与超越,为理解当代社会提供了新的身体理论框架。[①] 有鉴于此,关于女性生育意愿和生育实践的研究沿袭了西方的分析理论,将研究内容置于中国特殊的社会环境、国家经济形态、独特的生育政策、差序格局的社会网络、传统儒释道结合的文化体态以及家庭本位的伦理结构等背景进行深入的分析与详尽的阐释,体现了西方研究理论对研究内容解读的高度契合。

2.6.2 个体性因素和社会性因素具有重要的影响力

生育意愿是一个系统性的问题,其变化更是多重影响因素合力的结果。综合目前已有的研究来看,女性生育意愿的影响因素集中在个体和社会两个层面上。在个体性影响因素中,一方面,现代社会中家庭在生育子女的计划中,生育成本是较为重要的影响因素。尽管针对经济因素的影响力,不同的学者持有观点争论,但大部分研究结果表明,生养一个孩子所付出的成本影响家庭的生育决策。女性在生育和哺乳孩子的过程中,会因产假休息和精力分配不均等因素面临岗位的变动、收入的下降、资源的流失以及晋升机会的减少等情况。此外,现代社会对于养育一个孩子所投入的人力、物力、财力以及精力的要求远高于传统社会,家庭的生育决策与生育选择会因"成本-效用"原则影响动机与判断的结果。另一方面,女性生理性因素占据了主要地位。随着年龄的增长,生理性引起的变化令女性面临越来越高的生育风险,在面临生育选择时,意愿会因风险增加发生变化。另外,医疗技术的发展介入了女性的身体生育实践,并客观地反映了健康与生殖的关系。女性的健康

---

① 赵方杜. 身体社会学:理解当代社会的新视阈[J]. 华东理工大学学报(社会科学版),2012,27(04):27-35.

状况对备孕、怀孕以及孩子的发育都有着重要影响，因而也左右了女性的生育意愿和生育行为。

在社会层面的影响因素中，政策性因素和社会文化观念对生育意愿的变化起着关键性作用。中国少子化时代的到来，令学界关注到了生育意愿和生育行为的差异性问题。在众多有关因素的研究中，学者们普遍认为计划生育政策是影响生育意愿的决定性因素。"独生子女"政策的实施严重压缩了家庭的生育选择空间，数十年的政策环境下，人们的生育意愿与生育政策逐渐趋同，政策生育数被绝大多数人接纳，进而内化为理想子女数。而"二孩政策"时代的到来，并没有在很大程度上影响人们生育意愿的改变，根据学界的研究内容，目前的生育意愿仍然受到政策主导性和限制力的影响。此外，社会保障制度也深刻影响了个体生育决策和社会的总和生育率。当前不断完善的社会保障制度促进了社会养老事业的发展，父母辈的养老方式选择随着养老产业的多元化获得了有力支撑，多样化的选择环境逐渐取代了传统的"子女养老、儿女送终"模式，因此，"养儿防老"类的生育动机和生育目的日渐淡化，生育也为社会保障制度的逐步完善所替代。社会生育观念的影响对生育意愿和生育决策也至关重要。传统的生育文化仍然左右了大部分人的生育选择和生育偏好。例如，岭南地区的传宗接代思想仍比较严重。发达的经济和基础设施没有改变生育观念的内在影响，广东地区的农村居民仍保留了对生男孩的偏好。也有一部分研究证实，随着经济社会的持续发展，婚姻家庭的缔结不再以生育为唯一目的，情感寄托、互相陪伴等需求成了家庭耦合的关键。同时，女性在社会中地位的不断提高，让她们在生育方面大幅提升了自主性，身体意识的形塑也影响了女性的生育意愿和判断。

2.6.3　体制内职业群体研究有待拓展

当前国内的研究中，学者多从所研究的不同群体或者是同一群体的不同时间阶段进行分析并得出研究结论。在研究群体的划分上，普遍重点关注城市和农村，流动人口，不同地域的群体，不同民族的群体，不同年龄层，不同受教育程度等类别。现有的文献大多对体制因素重视不足，有关体制内身份群体的生育选择的研究非常少，而体制更是常常作为控制变量纳入模型而非研究对象。事实上，体制内身份是中国国情的特殊产物，在体制内工作的群体，其工作稳定程度和福利待遇都要优于体制外工作的群体，在生育问题上面临职业生涯的中断和收入大幅减少的风险也相对较低。在历史计划生育时期，对群体生育行为的严控为政策的推行和国家人口趋势的调整起了至关重要的作用。在全面二孩政策的开放后，体制单位如何判断和响应政策，体制内女性群体的二胎生育选择和压力诉求值得被考察和分析。与非体制内身份的群体相较，职业约束性和优越稳定的福利制度能够为生育问题的缓解提供保障，也有助于生育水平的改善和社会的良性运行。

2.6.4 生育事件研究中对身体体验和身体经验的轻视

女性的身体研究在近年来得到了诸多关注，特别是处于复杂的社会场域和权力关系中的女性身体引发了热烈的讨论。在技术与身体互动的层面，女性生育的过程中，医疗技术的介入影响了身体的主体性和经验性，更影响了母职角色的建构。在众多研究中，医疗视角的身体研究更多关注了生育过程中身体的去自然化和疾病化，分析了作为多元主体与社会互动的孕育过程。

从生育意愿与个体、社会关系的角度来看，虽然个体生育意愿随着生育政策的调整而产生变化，但作为生育文化的集中体现，个体的生育意愿同时也是社会、经济以及文化作用规划下的身体体现。而在个体的生活世界中，社会行动者对身体技术的掌握，形成了独特的"惯习"，展现了自我规划的过程。[1] 在自我规划和身体体现的统一下，生育意愿被形塑并体现了强大的自主性。如果仅仅将生育意愿置于决策过程中的环节来考察，显然便会忽视身体经验和身体记忆在女性生命经历中重要作用，因此就会偏向侧重于讨论异质性因素对女性身体的限制。另外，一部分研究关注到了女性的身体遭遇，讨论了事件情境对个体的社会身份和身体建构产生的影响，但是研究较少涉猎动态式、过程式的身体生育实践，更较少地围绕生育视角切入研究的开展。身体的实践方式在既定的社会情境中会生发不同的特征，而体制内这类特定的工作场域不仅让女性在生活方式、家庭、消费等方面受到影响，同时使女性在生育过程中对身体的使用和态度产生较为明显的意愿特征。综上所述，

---

[1] 赵方杜. 身体社会学：理解当代社会的新视阈[J]. 华东理工大学学报（社会科学版），2012，27(04)：27-35.

第 2 章 关于生育意愿与生育行为主题研究的梳理

以往生育意愿和生育行为的研究中存在着基于性别视角上对身体体验和身体经验的轻视,将具身性的身体体验和经验纳入对生育意愿的考察,是十分必要的。

第3章 特定职业女性生育意愿与生育行为研究的框架及方法

3.1 生育意愿与生育行为的影响因素与差异性内容及框架

3.1.1 生育意愿与生育行为的影响因素及差异性研究内容

费孝通[①]先生认为，人类社会是一个结构完整，功能齐备的有机整体。如果把人类社会看成一个组织复杂的整体，那么个人就是这个有机整体中的一部分，生育则是对社会结构完整性的修复。当今社会关注的焦点是低生育水平下妇女的生育选择。如何让育龄女性提高生育意愿、生育政策应当如何优化是学界和社会界重要的议题。生育，可以维持社会的完整性，可以保障家庭功能的完善，但是随着经济社会的不断发展，个人与社会在生育中的矛盾也在日益凸显。为了维持社会的持续需要生育，为了生育者自己的利益要避免生育，在个体化时代的进程中，新的、灵活的生活形式和文化态度让女性在做出生育选择时会加入自己的更多考虑。高额的抚养成本，工作与家庭照顾的冲突，子女托幼和入学的困难，以及社会福利的短缺等因素都会让个体脱离社会和家庭的义务框架，对本该是幸事的生育左右为难。

体制内女性群体在这几次生育政策的调整中成了低生育群体的典型。在单位制时代的初期，单位的福利覆盖面非常宽，体制内群体生活的方方面面都可以依靠单位来提供。生育子女也是如此，"生产"可以依靠单位下属的医院，子女从托儿所到高中，完整的社会化过程可以依赖单位提供的教育基建。

---

① 费孝通. 乡土中国·生育制度·乡土重建[M]. 北京：商务印书馆，2011：275.

第3章 特定职业女性生育意愿与生育行为研究的框架及方法

稳定的收入和福利优待可以让女性平衡家庭与工作的矛盾，减轻育儿过程带来的不便及压力。从20世纪70年代开始的计划生育政策，对体制内工作群体展开较严格地控制，让对单位的依赖程度极高的体制内群体选择并适应了低生育的模式。伴随着单位的市场化和开放化，政府、国有企业和事业单位都裁减了自己的下属机构和单位，让原有的被高度依赖慢慢减少，女性在育儿过程中需要在市场中和其他家庭成员中获得帮助方可平衡职业与抚育间的问题。特殊福利模式的弱化和工资涨幅的缓慢，加上体制内女性的低生育惯习和认知，在计生政策宽松至放开后，这一群体的生育意愿和生育行为都没有得到特别大的改变。相较于非体制内群体，生育水平和生育意愿都出现了差别。而在理想子女数和现实子女数的描述比较后，学界普遍观点是意愿与行为的背离论，研究体制内女性群体理想子女数和实际子女数的差异可以了解群体的生育现状和诉求，探究其对社会政策的依靠方向。本研究以体制内育龄女性为研究对象，通过对总体数据中育龄女性样本进行筛选，选出体制内女性群体和非体制内女性群体，对总体样本、体制内女性群体、非体制内女性群体三类样本的研究结果以横向比对的方式总结和解释哪些因素影响了生育意愿和实际生育行为，哪些因素影响了生育意愿与生育行为的差异性。

3.1.2 体制内女性生育意愿与生育行为的研究框架

本研究沿用到的第一个理论框架是生育动机到生育行为的序列过程。Miller等[1]在研究中讨论了生育期望、生育意愿和生育行为之间的关系，并提出了从生育意愿到生育行为的序列决策和作用过程。即生育动机→生育意愿→生育打算→生育行为→生育率。Miller认为，生育意愿和生育行为是具有时间和数量维度的变量，多维度的生育意愿和生育打算共同影响生育行为。如图3-1所示，生育动机是在先天因素(biological)和生活经历中获得的经验因素(experiential)的共同作用下形成的。[2] 本研究中，将生育动机列为一项重要影响因素，从经济支持、养老保障、家庭延续和幸福感提升四个方面来分

---

[1] MILLER W, PASTA D. Behavior intentions: which ones predict fertility behavior in married couples? [J]. Journal of Applied Social Psychology, 1995, 25(6): 530-555.

[2] 郑真真. 低生育水平下的生育意愿研究——基于江苏的调查结果[C]. 北京市人口研究所, 中国人民大学人口与发展研究中心. 2012年生育意愿、生育行为和生育水平关系研讨会论文集. 2012: 12-31.

类体现生育目的和生养观念的9个生育动机变量。在分析育龄女性的生育意愿与生育行为时,本研究沿用了"生育动机→生育意愿→生育行为"的序列过程,并分析除了直接影响生育意愿与行为的生育动机以外的因素。

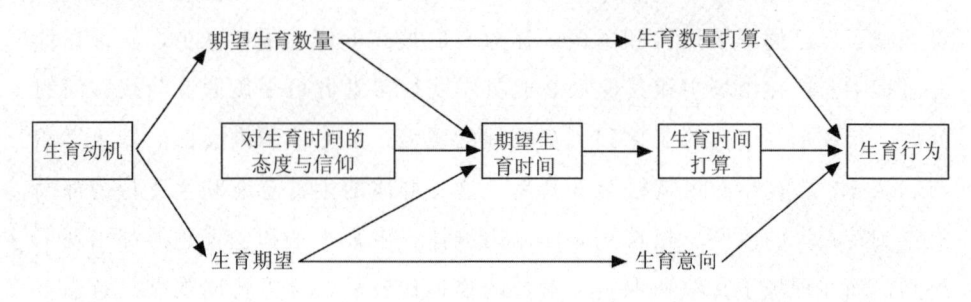

图 3-1 从生育意愿到生育行为的序列决策和作用过程

在本研究的第二部分中,描述和分析生育意愿与生育行为的差异性,使用了 Bonggarts 提出的生育意愿与行为背离的六大因素。Bonggarts[①] 最先发现了生育意愿与生育行为背离的现象,并在研究分析了发达国家和部分亚洲国家的生育意愿与实际生育水平以后,总结出了影响生育意愿与生育行为的六个因素。生育意愿高于生育水平的实际原因是因为生育年龄的推迟、非自愿的不孕不育和竞争性因素;生育意愿低于实际生育水平是由于非意愿生育、替代孩子死亡的生育和性别偏好。[②] 因使用数据的限制,非自愿的不孕不育,非意愿生育和替代孩子死亡的生育这三个因素没有受到调查因而无法操作,所以在本研究中将生育年龄的推迟、竞争性因素和性别偏好纳入分析中,并在不同的群体样本间进行比较,以求对生育意愿与生育行为的差异性做出解释。

根据行为与态度关系的研究结果,茅倬彦、罗昊以计划行为理论(theory of planned behavior,TPB)为主体支撑,从社会心理学层面入手,重新对生育意愿到生育行为的理论框架进行构建,从微观行为的视角解读二胎政策下妇女生育意愿和生育行为之间的差异及影响因素。计划行为理论认为,人的行

---

① BONGAARTS J. Fertility and reproductive preferences in post-transitional societies [J]. Population and Development Review,2001,27(supp):260-281.

② 同①。

第3章 特定职业女性生育意愿与生育行为研究的框架及方法

为受到行为态度(behavioral attitude)、主观规范(normative norm)和知觉行为控制(perceived behavior control)三种变量的影响。茅倬彦、罗昊的研究提出了生育意愿和生育行为差异的理论框架,如图 3-2 所示,他们认为生育态度、主观规范和知觉行为控制是影响生育意愿和生育行为差异的重要因素。生育态度是指个人对于生育行为所保持的赞同与不赞同的程度评估,以性别偏好和孩子成本作为主要测量。主观规范是个人在决定生育时感受到的社会压力。在妇女的生育决策过程中,会受到丈夫、父母、公婆、周围朋友或同事的网络状的影响,此外,生儿育女的经历也会影响到生育决策。知觉行为控制是个人对于生育行为把控的主观感知程度,也被称为感觉控制。知觉行为控制包含了两方面,一方面是个人在生育行为的执行中所具备的能力、资源和机会;另一方面,是指个人对于这些能力、资源和机会实现的重要程度。[①] 当个人认为其具有执行生育行为的能力,或拥有与此相关的资源和机会愈多时,感知行为控制越强,执行生育行为的意向也就越强。因此,健康状况、经济条件、工作机会、孩子照顾等变量都是主要测量和分析的方面。

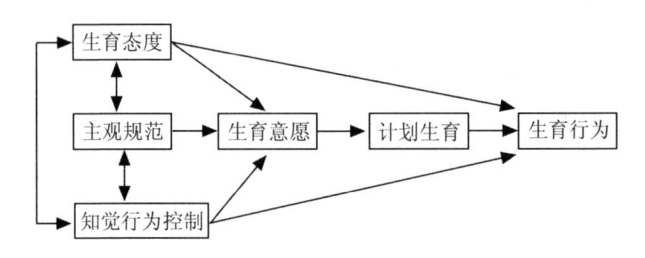

图 3-2 生育意愿和生育行为差异的理论框架

在第一章绪论中,我们根据目前社会整体的生育水平和生育状况,提出了本研究的两个内容部分。第一个是"体制内女性的生育意愿与生育行为及其影响因素分析",第二个是"生育意愿与行为的差异性及其影响因素"。两个研究部分都从描述现象和探究原因的角度,提出:"体制内女性的理想子女数如何?";"体制内女性的现实子女数如何?";"哪些因素影响了体制内女性的生

---

① 茅倬彦,罗昊. 符合二胎政策妇女的生育意愿和生育行为差异——基于计划行为理论的实证研究[J]. 人口研究,2013,37(01):84-93.

育意愿?";"哪些因素作用影响了体制内女性的实际生育行为?";"体制内女性的生育意愿与行为存在哪类差异?";"哪些因素影响了生育意愿与行为的差异性?"。也就是"是什么?"和"为什么?"的研究,此外,在结论章节中,会提出相应的政策优化方向,提供"怎么办"的思路。

研究沿用 Miller 研究中的生育序列过程,将从个体背景、家庭特征和生育情况(一胎生育性别和初育年龄)三个层面探究影响生育意愿和生育行为的因素。通过总体样本、体制内群体样本、体制外群体样本的横向比较,找出研究对象生育意愿和生育行为的一般性和特殊性。在生育意愿与生育行为差异性的分析部分,将 Bonggarts 的六类背离因素的观念纳入分析路径,将性别偏好、育龄推迟、竞争因素作为差异性的影响因素并考察其作用。同时,在个体行为研究中,对行为的完成能力的主观判断也是不容忽视的层面。主观满意度,对行为影响的资源和机会都是影响意愿与行为的差异性的重要变量。因此,在前三个分析角度之外,将感觉控制同样纳入分析框架中。从性别偏好、育龄推迟、竞争因素、感觉控制的角度解释这些因素如何导致差异性的形成,并分析导致了哪一类的差异(图3-3)。

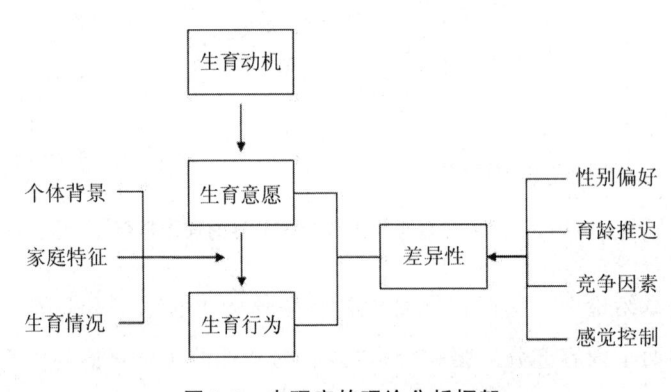

图 3-3 本研究的理论分析框架

3.2 生育意愿与生育行为研究的类型与方法

社会学研究的主要特点是综合性与实证性。一方面,社会学注重社会现象之间的联系,特别是对影响社会现象的各种因素的综合分析。另一方面,

第3章 特定职业女性生育意愿与生育行为研究的框架及方法

社会学主要的研究领域在社会整体的性质问题上,如社会组成、社会结构、社会秩序与社会关系的形成、社会变迁的原因、社会发展规律等。针对生育问题的研究,应该探索个体、群体和社会之间的相互影响和联系,总结原因及结果。

3.2.1 生育意愿与生育行为的研究类型

本研究采用描述性研究和探索式研究。在研究社会现象时,在对研究问题的逻辑和内在联系不明确的情况下,在不能确定假设与提供具体方法进行缜密研究思路时,我们需要用探索性的研究形式对对象和问题进行解释。探索式研究,可以满足研究者对研究对象的深入了解,也能探讨对某个问题进一步研究的可能性,更可以为后续研究的发展提供方法。社会科学针对的是群体特征而非个体特点的现象研究,为了总结即使个体在时空不同的情境下发生的变化,群体中仍可以体现的固有的行为规律。因此,通过描述性研究可以对体制内女性群体的生育状况和特征进行客观、准确的描述,归纳生育意愿与实际生育情况的特点,找出群体中生育意愿与生育行为的差异性并加以解释。

3.2.2 生育意愿与生育行为的研究方法

首先,在资料收集方面,本研究主要使用和分析的调查数据来自中国家庭动态跟踪调查(Chinese Family Panel Studies,CFPS)在2014年对基线数据(2010年)的追踪调查结果。CFPS数据是北京大学中国社会科学调查中心(ISSS)实施的一项旨在通过跟踪搜集个体、家庭、社区三个层次的数据,反映中国社会、经济、人口、教育和健康的变迁,为学术研究和政策决策提供数据的重大社会科学项目。除此之外,本研究还选取J省C市轨道客车有限公司的员工进行深度访谈,相关一手资料来源于访谈录音和笔记。本研究采用的是半结构型访谈,即笔者根据事先拟定好的访谈提纲,与受访者依据访谈提纲中的题目范围进行自由灵活的交流。在交流的过程中,根据受访者自身陈述的特点和谈论的内容,对某一话题进行有针对性的、深入的挖掘和探讨。笔者通过半结构式访谈的形式,与受访者进行直接的交流,获得了丰富多元的访谈资料,了解他们的家庭状况以及在生育一胎过程中的经历,把握二胎生育意愿的变化过程,特别是能了解体制内女性群体在生育过程中的经历和主观感受。此外，笔者也对几位已婚育的男性职工进行了访谈。一方面，在体制内工作的男性的配偶也可以因丈夫的工作性质间接享受到相应的生活补助、福利待遇和组织规范。在计划生育政策时期，体制内家庭的育龄妇女也同样受丈夫单位计生部门的监管。另一方面，从男性的角度去谈论生育二孩，可以直接了解丈夫对于生育二胎的看法，对于子女性别的观念，也能间接了解妻子的状况和态度。这样从核心家庭中的育龄妇女的配偶的角度进行观察，可以从主观态度层面考察此因素对于女性生育二孩意愿的影响程度。在本研究中，笔者访谈了38人。其中，女性访谈对象为29人，男性访谈对象为9人。这35个受访者隶属轨道客车有限公司的不同部门，均是正式岗位聘用编制。在受访者的岗位性质方面，有9人来自市场部门，动力实验室15人，工程车间6人，技术部门8人。受访对象中，有3人未生育；有10人选择生育二胎，其中有1人为再婚生育。访谈时间为2017年8月—11月，历时3个月，已形成近12万字的访谈记录。在访谈资料的整理和归类方面，以受访者的个人生活经历和对生育问题的观念及理解作为切入点，探究行动的动机和成因，从主观和客观方面对受访者按照类别进行总结概括。

其次，在研究的时间尺度上，因选取2014年CFPS数据库中的样本进行分析，根据数据的特点，使用的2014年的截面数据属于横剖式的研究方式。

最后，在资料分析方法的选取上，因受研究问题性质的影响，本研究主要选择定量研究和定性研究结合的混合研究作为主要研究方式。科学论断的形成需要得到逻辑推演的支持和实证观察的验证。理论假设、资料收集和资料分析是科学论证的体现，也是逻辑推理和深入观察结合的结果。在社会科学研究中，理解与应用是非常重要的动机和手段。我们既要着眼于深入观察并总结社会行为和社会形态的本质，也要将凝练出的精华运用到社会问题的研究和分析当中去。在本研究中，对于生育意愿的变化和影响因素，生育行为选择的探索是需要被理论构建的部分。而对于生育鼓励机制和政策优化的走向的探讨，是在社会实践中的应用和规范。因此，在本研究中需要体现两种不同性质研究的特点，一方面运用量化研究通过描述样本情况，做出相应的分析。另一方面，通过深入的考察，以求对社会现象的内在特征和影响因素的再认识、再探索，从而达到呈现其本质的研究过程。生育，作为家庭内

第3章 特定职业女性生育意愿与生育行为研究的框架及方法

部的个体行为,既是微观的社会形态,又属于宏观的社会行为范畴。基于中国传统社会文化的影响,家庭问题、生育问题对于我国人民具有隐秘性,为了保证调查的真实可靠与分析解释的充分,需要使用混合研究方法。在梳理文献的过程中发现,当前主流研究中针对女性生育意愿和生育行为的研究主要集中在人口学、经济学和社会学等学科范畴。近几年来社会学研究结合并发挥了自身学科的特点及优势,主要采用定量分析的研究方法,用大量的社会调查数据阐释城市及乡村育龄女性群体的生育意愿和生育选择的趋势。而在现实生活中,单纯用定量手段的测量结果不能生动切实地记录和分析女性在生育选择过程中的心理变化和所属社会环境变化的影响,尤其是工作在体制内的群体,虽享受着国家赋予的稳定工作收入和福利待遇,但是却同时背负着来自育儿和生活的沉重经济负担及不为人知的职业压力。本研究希望能结合深度的访谈和调查,近距离考察女性的生育选择过程,深入接触单位制家庭的日常生活,解读他们在家庭生育和养育过程中的处境,走进他们的内心世界。

3.2.3 关于体制内女性生育意愿与生育行为的研究伦理及局限

1. 研究伦理

本研究采用的是定量研究与定性研究结合的混合研究方法。在影响因素分析的部分加入了个案访谈资料作为补充和辅助支持。在个案访谈中,针对访谈设计遵循以下伦理。

首先,研究设计的首要伦理是自愿参与。在社会学研究中,经常会介入受访者或是被研究对象的生活领域。研究者应当先充分告知研究会涉及和了解的方面与内容,并在得到受访者许可的情况下,进行访问、记录和录音。在研究中,与国企职工的交谈是在一开始就经过许可后进行的,完全遵照了自愿参与的原则,个别受访者在得知调查方向和内容后选择不参与或表达出不愿意参与的态度,研究选择更换个案,最终完整了访谈。

其次,研究严格遵循保密与匿名的原则。在研究中研究者必须保护被研究者的身份和私人信息,采取匿名的方式记录来保障受访者的权益。特别是在访谈过程开始前,就告知其研究的保密原则,并在研究过程中使用编号或者代号的形式进行匿名处理。所有的研究资料除了用于研究之外,不会对其他人透露相关信息资料。

2. 研究局限

首先，在研究资料选取和使用的方面，受到地域限制和工作单位的局限，受访者集中于东北C市大型国有企业单位，环境和待遇可能与其他体制内群体存在差异。此外，本研究使用的是2014年中国家庭追踪调查（CFPS）的数据进行分析和论证，但是因为综合数据的收集不是以"生育问题研究"作为调查目的，所以在分析过程中会出现问题和变量上的差异，很多对"是否意愿生育下一胎""二胎生育计划""意愿生育时间"等方面都没有问卷信息。这可能会造成在研究中无法对生育意愿及其影响因素进行准确的把握，需要在后续的研究中作出深入的思考与探析。

其次，研究对象选取的是体制内女性群体。样本选取方面，以20~49岁的育龄女性为目标对象。在通过筛选后，样本量占总体育龄女性样本的1/10左右，这其中有生育经历的女性更少，所以目标样本的量少可能会对分析结果造成了一定的影响。同样，在访谈对象的选取部分，没有涵盖体制内工作单位的各个类别，访谈对象既有育龄女性也有男性，工作环境的差异和性别视角的差异都会有不同的态度和观念。

最后，研究视角的方面，研究还有更多涉及和拓宽的空间。对于生育意愿和生育行为的研究探索，可以从其他家庭成员和社会关系网络的角度来分析影响因素，但是由于使用数据和访谈的局限，在本次研究中没有对这些方面进行解释。而在主观态度和感觉控制的考察中，因无法在量化研究中进行操作，所以没有对工作机会和综合能力等因素进行细致入微的描述与归纳。这也是后续研究中应当改进并深入研究的部分。

第4章 生育意愿与生育行为研究的数据来源及操作化

4.1 生育意愿与生育行为研究的数据来源

本研究使用的数据库来自北京大学中国社会科学调查中心所发起的2014中国家庭追踪调查(简称CFPS)。CFPS项目组致力于社会科学领域的数据调查和中国社会问题的实证研究,通过专注于设计并实施一项全国性综合调查,希望采集高质量微观数据,用以分析中国社会的民生议题,为政策制定提供有效的依据,并推动社会、经济、教育等跨学科的研究工作。CFPS数据有着自身的优势,其一,样本容量足够大,基线调查样本为14 960户,样本覆盖了25个省/直辖市/自治区的人口,约占全国(除港澳台地区)的95%。其二,CFPS的问卷包含的内容和主题非常丰富,从经济活动、家庭动态、教育、健康,到主观幸福感和政治态度等均有涉及。通过数据,我们可以获得个体、家庭、社区等不同模块在一定的时间和空间内的信息。我们透过CFPS数据可以获得一个人从出生到青年,从青年到中年,从中年到老年的所有信息。在婚姻状态层面,调查涵盖了未婚到已婚,同居与未同居,从同居到结婚,从结婚到婚姻关系的结束等。也就是说追踪性调查可以让我们获得微观层面上个体变化的完整资料。本研究使用了CFPS基于基线调查数据追踪成功样本部分,也就是剔除了在2014年重新抽样的样本。在总体育龄女性中,共计9 885人。其中,体制外女性群体共有8 919人,占比90.23%,体制内女性群体共计966人,占比9.77%。

4.2 生育意愿与生育行为研究的变量定义及其描述

根据本研究使用的变量情况,在表4-1中列出对各个变量的定义及其描述。在第一部分的分析中,因变量为理想子女数与现实子女数,以此对意愿子女数和实际生育行为做出测量和操作。第二部分分析的因变量是生育意愿和生育行为的差异,差异性研究选择了用分类的形式代替距离测量的判断,以"意愿大于实际""意愿等于实际"和"意愿小于实际"三个维度来衡量。在自变量的选择和处理过程中,分成"个人与家庭特征""生育情况""生育动机"和"感觉控制"四个层面。个人与家庭特征涵盖了个体背景特征、婚育状况和配偶的信息。Miller[①]认为生育动机是先天因素(Biological)和生活经历中获得的经验因素(experiential)共同作用形成的。在本研究中,通过对生育观念的呈现,了解生育动机包含的文化认知和行为心态,将表达生育动机的变量分为"经济支持""养老保障""家庭延续"和"有孩子的幸福"四个方面来反映对生育行为的价值判断。依据社会心理学层面对态度和行为的研究,从个体行为的微观层面将"感觉控制"作为一个重要变量。依照计划行为理论,感觉控制又被称作知觉行为控制,在本研究中表达的是个体对其生育行为控制的感知程度。它包含了两方面,其一是对生活、婚姻、工作满意度的一个直观体现,也包括了健康状态、孩子照顾等所具备的能力和资源;其二是生育主体对上述所有方面,即对自己生育行为所具备的能力、资源与机会的评估。

表4-1 变量定义及其描述统计

变量名	变量定义及其赋值	观测值	均值	标准差
	因变量			
生育意愿	理想子女数,非负整数	9 885	1.790	0.797
生育行为	现实子女数,非负整数	9 885	1.316	0.968

---

① MILLER W, PASTA D. How does childbearing affect fertility motivations and desires[J]. Sociology Biology, 1995(3-4): 185-198.

第4章 生育意愿与生育行为研究的数据来源及操作化

续表

变量名	变量定义及其赋值	观测值	均值	标准差
个人与家庭特征					
年龄	实际岁数	9 885	34.876	8.972
婚姻状况	是否在婚,1=在婚,0=其他	9 885	0.831	0.375
民族	是否汉族,1=汉族,0=其他	9 885	0.562	0.496
户口	户口类型,1=非农户口,0=农村户口	9 885	0.237	0.425
受教育程度	受教育年限	9 885	8.599	4.142
家庭总收入	家庭年总收入的对数值	9 885	10.522	1.243
家庭工资收入	家庭工资性总收入的对数值	9 885	8.737	3.889
家庭非工资收入	家庭非工资性收入的对数值	9 885	6.155	4.866
工作性质	是否有体制内工作,1=是,0=否	9 885	0.098	0.297
初婚年龄	第一次结婚时的年龄	5 233	22.172	2.852
配偶年龄	配偶的实际岁数	6 092	40.985	7.510
配偶受教育程度	配偶受教育年限	6 092	8.609	3.609
生育情况					
初育年龄	生育第一个孩子时的年龄	5 145	23.581	3.211
一胎性别	第一胎性别,1=男,0=女	5 145	0.528	0.499
生育动机(分值量表,从1到5表示递增)					
养老保障	为了年老时有人帮助	5 511	2.613	0.755
经济支持	为从经济上帮助家庭	5 511	3.028	0.795
家庭延续	为了延续家族香火	5 511	2.726	0.769
	为增强责任心	5 511	2.488	0.684
	为增加亲属联系	5 511	2.631	0.731
	为使家庭更重要	5 511	2.485	0.708
有孩子的幸福	为看孩子长大的喜悦	5 511	2.434	0.673
	为子女在身边的快乐	5 511	2.420	0.683
	为感受有宝宝的喜悦	5 511	2.437	0.690

续表

变量名	变量定义及其赋值	观测值	均值	标准差
感觉控制					
工作满意度	5分值量表,从1到5递增	9 885	3.316 641	0.769 388
对自己的生活满意度	5分值量表,从1到5递增	9 885	3.664 745	0.966 086
对家庭的生活满意度	5分值量表,从1到5递增	9 885	3.743 45	0.951 015
婚姻满意度	5分值量表,从1到5递增	9 885	4.004 654	0.999 787
健康自评	5分值量表,从1到5递减	9 885	2.767	1.166
是否同意必须有一个儿子	5分值量表,从1到5递增	9 885	2.992	1.457
白天照顾	白天是否有父母照顾孩子,1=是,0=否	5 841	0.456	0.498
夜晚照顾	晚上是否由父母照顾孩子,1=是,0=否	5 841	0.638	0.481

注:(1)受教育年限根据受教育水平整理得到,其中,文盲=2,小学=6,初中=9,高中及中专=12,大专=15,大学本科及以上=17。

(2)体制内工作具体包括政府部门、党政机关、人民团体、事业单位和国有企业,其他均为非体制内工作。

4.2.1 生育意愿与生育行为研究的因变量测量

4.2.1.1 生育意愿定义与描述

学界对于生育意愿的概念界定分为"理想子女数""意愿生育时间"和"意愿生育性别"三个层面。"意愿"这个词,在英文中对应的词语有3个,分别是 desire,ideal 和 intention。前两个通常要求受访者回答的是希望生育几个子女,而"intention"表示询问受访者是否打算生育一个(下一个)子女。[①] 2014年 CFPS 的截面数据对于"生育意愿"的研究设计,停留在了理想子女数的调查层面。在调查问卷中,以 QM501"理想孩子数(个)"询问受访者的理想子女数。具体提问如下:"不考虑政策限制,您认为有几个孩子比较理想?_____(0—10)"。

[①] 顾宝昌,马小红,茅倬彦. 二孩,你会生吗?生育意愿、生育行为和生育水平关系研究[M]. 北京:社会科学文献出版社,2014:91-105.

第4章 生育意愿与生育行为研究的数据来源及操作化

在本研究中,针对 20~49 岁的育龄妇女群体的理想子女数,共有 9 885 人参与作答,意愿子女数最少为 0 个,最多为 10 个,整体平均意愿生育子女数为 1.79 个。在体制内女性群体中,育龄女性为 966 人,平均理想子女数为 1.64 个。而在非体制内女性群体中,育龄女性为 8 919 人,理想子女数均值约为 1.81 个,比体制内女性群体高出 0.17 个。在整体样本中不论是体制内还是非体制内女性群体的意愿子女数都相对较低,这实际上反映了女性对于生育的愿望是很不强烈的。

4.2.1.2 生育行为的概念界定及其描述

研究分析中的第二个因变量生育行为。生育行为作为生育的具体结果,通过育龄女性实际已育子女数量直观体现。在 CFPS 的调查问卷中,没有针对实际拥有的子女数量进行直接提问,因此,通过每个家户的 ID 中孩子与个人的逻辑匹配,得出育龄妇女的现实子女数。在总观测群体 9 885 人当中,实际已生育的子女数最少为 0 个,最多为 7 个,平均实际子女数约为 1.32 个。其中,体制内群体共计育龄女性 966 人,实际子女平均数为 0.84 个,而非体制内女性群体共有 8 919 人,现实已育子女数平均约为 1.37 个。体制内女性群体的实际子女平均数相较非体制内群体少了 0.53 个。在整体样本中,育龄女性的平均子女数都很少,这反映了现阶段非常低的实际生育水平,也可以体现育龄女性对于生育意愿的不强烈与不热衷。根据已有研究表明,生育行为受到生育意愿的直接影响,所有因素在影响生育意愿的同时也会直接对实际生育行为产生作用或者改变。

4.2.1.3 生育意愿与生育行为差异

对生育意愿和生育行为的研究一直是学术界的热点研究。对于生育意愿与生育行为关系的探讨集中在两方面,一方面是探索生育意愿是如何影响生育水平的,另一方面则侧重于生育意愿与生育行为的差异性及其影响因素。本书第六章以探索式的方式试图对研究群体的生育意愿与生育行为的差异和影响因素做出解释,这一部分的因变量为"理想子女数与实际子女数的差异值"。通过将理想子女数与实际子女数通过作差后进行比较,结果显示:理想子女数大于实际子女数的妇女($N=593$)占总体的 24.4%;理想子女数等于目前生育子女数的妇女($N=1\ 515$)占总体的 62.35%;样本中理想子女数小于实际生育子女数的妇女($N=322$)占总体的 13.25%。为了更好地比较意愿与行为的差异关系，本研究将因变量分为三类，"理想子女数大于实际子女数"划分为"意愿大于行为"；"理想子女数等于实际子女数"划分为"意愿等于行为"；"理想子女数小于实际子女数"划分为"意愿小于行为"。

4.2.2 生育意愿与生育行为研究的自变量定义及其描述

在个体与家庭层面，在女性做出生育选择时，年龄、婚姻状态、受教育年限、户籍、民族、工作性质等个体因素能在不同程度影响生育意愿和行为。年龄使用的是育龄妇女在 2014 年的实际年龄，婚姻状态则使用是否处于婚姻状态。民族分为汉族和少数民族，户口类别分为农业户口和非农业户口，对于学历则使用具体受教育年限，而受雇单位性质则用是否为体制内工作来测量。此外，为研究收入对生育的影响，本研究将家庭收入取对数加入变量，同时，取配偶的实际年龄和配偶的受教育年限作为家庭维度的变量。

生育情况的方面包含了初育年龄和第一胎孩子的性别两个变量。将生育情况单独列出作为变量分类是考虑到在研究对象中存在未生育过的女性，而在生育过的女性中，通过第一胎孩子的性别与现实子女数可以间接判断对生育子女性别的偏好。通过初育年龄，可以看女性生育第一个孩子的时间是否相对延迟。依照此类思考方向，验证对因变量的作用和影响。

在生育动机层面，用一系列有关生育态度和生养观念的问题来评估个人对于生育行为所保持的赞同或不赞同程度的评估，并借此反映对于生育行为动机产生的重要影响。在 CFPS2014 数据的少儿问卷部分，通过父母代答的形式，综合认定了父母对于子女的功能认定与价值判断。观点范围包括了经济支持、养老保障、家庭与家族延续及幸福感的提升四个方面，分别以"为从经济上帮助家庭""为了年老时有人帮助""为了延续家族香火""为增加亲属联系""为使家庭更重要""为增强责任心""为看孩子长大的喜悦""为子女在身边的快乐"和"为感受有宝宝的喜悦"9 个问题作为测量。具体赋值采用等级测度评分的方式，在调查问卷中具体提问方式如下：

"E2 下面列出了人们想生养孩子的一般性理由。请根据您自己的亲身经历，告诉我您的看法。"

1. 十分同意 2. 同意 3. 不同意 4. 十分不同意 5. "既不同意也不

第4章 生育意愿与生育行为研究的数据来源及操作化

反对"

即"非常同意＝1""同意＝2""不同意＝3""十分不同意＝4""既不同意也不反对＝5"。为了方便在模型中的分析，研究对生育动机的所有变量的赋值进行了调整，改成升序的选项，即"十分不同意＝1""不同意＝2""既不同意也不反对＝3""同意＝4""非常同意＝5"。在测量的这9个生育动机中，育龄女性群体共5 511人进行了作答。对于"十分同意"和"同意"之和排在前三位的是"为从经济上帮助家庭""为了延续家族香火"和"为增加亲属联系"。其中，1 542人认同"为从经济上支持家庭"这一动机，781人认同"为了延续家族香火"，543人支持"为增加亲属联系"。上述三项属于经济支持和家族与家庭延续方面的测量，说明在研究群体中，传统的传宗接代观念和未来获得经济支持的观点依然得到了大多数人的认同。而排在第四位的是"为了老年时有人帮助"，此观点的认同比例与"为增加亲属联系"十分接近，说明"养儿防老"的传统观念依旧深入人心。

感觉控制的层面。这一层面包括了个人主观生活满意度，孩子照顾和健康状态的评估。个人主观满意度包含婚姻、工作、生活和自家生活的满意程度进行评价。具体在问卷中的提问如下。

1. QM801"婚姻满意度" 总的来说，您对您当前的"婚姻/同居"生活有多满意？

2. QN12012"对自己生活满意度" 您对自己生活的满意程度？

3. QN12013"对自家生活满意度" 您对自家生活的满意程度？

4. DG4"工作满意度" 总的来说，您对这份工作有多满意？

选项从1至5升序排列，"1"代表非常不满意，"2"表示不太满意，"3"代表一般，"4"代表比较满意，"5"代表非常满意。根据里克特等级量表5点记分，从1至5，分值越高，表明认为越满意。

在关于孩子照顾的问题，分为白天照顾和晚上照顾，对具体负责照顾孩子的人进行询问。

a) DB202"白天孩子由谁照管"

白天，孩子通常最主要由谁照管？（访员注意：选择一位最主要的照管人）

1. 托儿所/幼儿园　2. 孩子的爷爷/奶奶　3. 孩子的外公/外婆
4. 孩子的爸爸　5. 孩子的妈妈　6. 保姆
7. 自己照顾自己【选择性屏蔽】77. 其他【请注明】_____ DB202SP "其他白天照管人"

b) DB203 "晚上孩子由谁照管"

晚上，孩子通常最主要由谁照管？

1. 托儿所/幼儿园　2. 孩子的爷爷/奶奶　3. 孩子的外公/外婆
4. 孩子的爸爸　5. 孩子的妈妈　6. 保姆
7. 自己照顾自己【选择性屏蔽】77. 其他【请注明】_____ DB203SP "其他晚上照管人"

关于健康的部分，采用健康自评的方式，题目如下。

QP201"健康状况"您认为自己的健康状况如何？

1. 非常健康　2. 很健康　3. 比较健康　4. 一般【不读出】5. 不健康

选项从非常健康到不健康，根据里克特等级量表5点记分，从1至5，分值越低，表明认为越健康，分值越高，表明越不健康。

4.3 本章小结

本章首先介绍了使用数据来源，论文使用由北京大学中国社会科学调查中心CFPS项目组所设计并实施的中国家庭追踪调查（China Family Panel Studies，CFPS）。CFPS是一项全国性的综合调查，通过跟踪搜集个体、家庭、社区三个方面的数据，反映中国社会、经济、人口、教育和健康的变迁，为学术研究和政策决策提供数据。基于中国家庭追踪调查（CFPS）2014年度的截面调查数据，根据本研究提出的理论分析框架对体制内女性群体的生育意愿、生育行为和生育意愿与生育行为的差异性三个因变量进行了定义与描述。研究将所有自变量分成个人与家庭特征、生育动机、生育情况和感觉控制四个方面，并逐一进行了赋值定义和变量描述。综上，本章对因变量和自变量进行了操作化，并作出描述分析和定义，为后续构建模型做准备。

第5章 特定职业女性的生育意愿和生育行为的影响因素

5.1 生育意愿和实际生育行为的情况

在一个家庭中，自然的血缘关系和世代关系是维系家庭的重要纽带。繁衍后代、生育子女按照人类社会的基本规则是应在非常自然的条件下产生的。血缘联系了父母与孩子，为他们彼此赋予了新的社会角色，也让家庭拥有了持续性和稳定性的特点。在家庭这样一种形式的文化载体下，人类以社会继替为目的，通过各种文化手段控制生殖，建立了双系抚育、婚姻确立、夫妇配合等一系列的生育制度来实现家庭的生育功能。①

生育，作为一种社会现象，同时兼有数量、时间和性别三个特征。换言之，任何生育都是一定数量、一定时间和一定性别的生育。② 在这一章节中，生育意愿和生育行为是因变量，研究生育意愿可以把握生育行为的现状和发展趋势，同时，生育行为可以映射出生育意愿和态度。通过对不同工作性质（是否体制内）的育龄女性群体的理想与现实生育的描述和影响因素分析，能够了解被研究群体的实际需求以及判断其未来的生育状态。理想子女数是生育意愿的直观体现，现实子女数是生育行为的直接表达。本研究通过对意愿数量和生育数量的探索，测量在不同的群体之中存在的差异，并对影响因素进行分析。

---

① 费孝通. 乡土中国·生育制度·乡土重建[M]. 北京：商务印书馆，2011：168.
② 顾宝昌. 论生育和生育转变：数量、时间和性别[J]. 人口研究，1992(06)：1-7.

5.1.1 不同雇主性质的女性群体的生育意愿和生育情况分布

1. 生育情况

CFPS 2014 年数据的受访者被调查的时间点是全面二孩政策开放前，也就是"单独二孩"政策实行的时间，意味着一部分群体已经可以生育第二个孩子。在被调查的 9 885 位育龄（20～49 岁）女性中，共有体制内职业女性 966 人，约占比 9.77%；共有体制外职业女性 8 919 人，占比 90.23%。如表 5-1 所示，在总体育龄女性中，2 084 位女性未生育一孩，3 194 位女性已生育二孩，882 人生育 3 个孩子或 3 个以上。其中，约有 58.76% 的女性未生育或已生育 1 个孩子，拥有生育的机会和可能性更大。

表 5-1 总体育龄女性的生育情况分布

	未生育	生育 1 个	生育 2 个	生育 3 个及以上
人数/人	2 084	3 725	3 194	882
占比/%	21.08	37.68	32.31	8.92

表 5-2 体现了体制内女性的生育情况。其中，体制内未生育女性 287 人，目前育有一个孩子的女性为 552 人，因此，全面二孩政策的体制内目标群体为 839 人，约占比 87%。而在体制内女性群体中，已生二孩的女性仅 118 人，约为 12%，生育 3 个或 3 个以上的女性为 9 人。

表 5-2 体制内育龄女性的生育情况

	未生育	生育 1 个	生育 2 个	生育 3 个及以上
人数/人	287	552	118	9
占比/%	29.71	57.14	12.21	0.93

为了对比不同雇主性质的育龄女性群体的生育情况，研究将体制外育龄女性的生育情况列于表 5-3 中。在体制外育龄女性中，未曾生育的女性为 1 797 人，目前育有一个孩子的女性为 3 173 人，目前育有两个孩子的女性为 3 076 人。全面二孩政策的目标女性即未生二孩的女性为 4 970 人，约占 55.72%。

第 5 章　特定职业女性的生育意愿和生育行为的影响因素

表 5-3　体制外育龄女性的生育情况

	未生育	生育 1 个	生育 2 个	生育 3 个及以上
人数/人	1 797	3 173	3 076	873
占比/%	20.14	35.58	34.49	9.79

通过上述数据显示，与总体情况相似，体制内女性生育一个孩子的女性人数最多。然而，与体制外女性不同的是，体制内女性生育两个及两个以上孩子的人数相对较少，说明在体制内工作的女性实际生育选择比较保守，基本上偏向选择生育一个孩子。体制内群体生育情况的特殊性既体现了计划生育政策带来的持续性影响，也体现了在实际生育选择过程中体制内女性可能存在着的影响因素。因此，了解体制内女性的生育意愿的情况分布及影响因素可以帮助我们发现这一群体的主客观生育条件，也可以把握当下生育政策对这一群体是否可以带来更积极的影响。

2. 生育意愿

表 5-4 显示了体制内和体制外女性群体的理想子女数分布。其中，意愿生育 2 个孩子的人占比 65.72%，意愿生育 1 个孩子的女性群体占 19.56%。在体制内群体中，67.29% 的育龄女性的理想子女数为 2 个，24.12% 的人希望生育 1 个。而非体制内群体中，65.55% 的育龄女性希望生育 2 个孩子，19.07% 的育龄女性的理想子女数为 1 个。由育龄女性的理想子女数偏好可以看出，大部分的人还是希望生育 2 个孩子，意愿生育 1 个孩子为其次，意愿生育 3 个以上孩子的人非常少。此外，针对两类不同的群体，理想子女数并无特别大的差异。

表 5-4　是否有体制内工作与理想子女数

频数(频率)		理想子女数量/个					合计
		0	1	2	3	≥4	
是否体制内工作	否	573 (6.42)	1 701 (19.07)	5 846 (65.55)	602 (6.75)	197 (2.21)	8 919 (100.00)
	是	66 (6.83)	233 (24.12)	650 (67.29)	15 (1.55)	2 (0.21)	966 (100.00)
合计		639 (6.46)	1 934 (19.56)	6 496 (65.72)	617 (6.24)	199 (2.01)	9 885 (100.00)

注：括号内表示行频率，单位为 %。

在实际生育子女数量的统计中，表 5-5 反映了体制内外两个群体女性的现实已生育子女数量的情况。从整体情况来看，以 2014 年为结点，21.08% 的女性没有生育，而约有 37.68% 的女性生育了 1 个孩子，32.31% 的女性生育了 2 个孩子，其余的人生育了 3 个以上。在体制内群体中，除了未生育的女性，生育 1 个孩子的育龄女性占了大多数，约为 57.14%，这可能是由于受到了计划生育政策的影响。此外，生育 2 个孩子的女性约占 12.22%，生育 3 个和 4 个以上的女性群体非常少，只有 0.83% 和 0.10%。而在非体制群体中，除去未生育的女性，35.58% 的育龄女性生育了 1 孩子，34.49% 生育了 2 个孩子，而拥有 3 个孩子的女性占比为 7.79%，4 个以上的为 2%。通过分布可以看出，非体制内群体的实际生育情况受到的限制比较少，生育两个孩子以上的人相对比较多。而在体制内群体中，尽管受到了样本量的限制，但是还是可以发现，育龄女性群体生育数量集中在 1 个孩子，较少有人会选择生育 2 个以上。生育情况的差异，除了受到不同工作性质的影响，其他个体与家庭特征和观念的差别都会在不同程度上左右实际生育的选择。

表 5-5　是否有体制内工作与现实子女数的列联表

频数(频率)		理想子女数量/个					合计
		0	1	2	3	≥4	
是否体制内工作	否	1 797 (20.15)	3 173 (35.58)	3 076 (34.49)	695 (7.79)	178 (2.00)	8 919 (100.00)
	是	287 (29.71)	552 (57.14)	118 (12.22)	8 (0.83)	1 (0.10)	966 (100.00)
合计		2 084 (21.08)	3 725 (37.68)	3 194 (32.31)	703 (7.11)	179 (1.81)	9 885 (100.00)

注：(1) 括号内表示行频率，单位为 %。

(2) Pearson 卡方统计量为 355.88，对应的 P 值为 0.000。

第5章 特定职业女性的生育意愿和生育行为的影响因素

5.1.2 育龄女性的生育意愿和实际生育情况分布

理想子女数作为对生育意愿的基本测量，在不同的年龄组育龄妇女中存在差异。从表5-6中，我们可以看出，不同群体各年龄组育龄妇女理想子女数的基本特征是：总体育龄女性认为生育2个孩子最理想；6.75%体制外样本的女性认为生育3个孩子最理想，而体制内女性群体理想子女数为3的人约占1.55%。在体制外样本中，19.07%的育龄女性认为生育1个孩子最理想；而在体制内女性中，理想生育1个孩子的人占比达24.12%。从各年龄组别来看，以30岁为节点，不论是体制内群体还是体制外群体，随着年龄的递增，理想子女数为0的女性人数占比在递减。在体制外样本中，20~29岁的育龄女性中，15.77%的人理想子女数为0；30~39岁的育龄女性认为没有孩子最理想的占比为2.19%；40~49岁的女性有0.9%的人认为不生育孩子最理想。同样，在体制内样本中，育龄妇女随着年龄的升高认为没有孩子最理想的比例在下降。此外，体制内群体几乎没有人意愿生育4个及以上的孩子，而体制外女性认为4个及以上孩子最理想的占比为2.21%。

表5-6 育龄妇女与理想子女数交互分析

		频数（频率）					合计
		0	1	2	3	≥4	
体制外样本	年龄/岁 20~29	490 (15.77)	707 (22.75)	1 759 (56.60)	119 (3.83)	33 (1.06)	3 108 (100.00)
	30~39	52 (2.19)	445 (18.75)	1 667 (70.25)	163 (6.87)	46 (1.94)	2 373 (100.00)
	40~49	31 (0.90)	549 (15.97)	2 420 (70.39)	320 (9.31)	118 (3.43)	3 438 (100.00)
	合计	573 (6.42)	1 701 (19.07)	5 846 (65.55)	602 (6.75)	197 (2.21)	8 919 (100.00)

续表

频数(频率)			理想子女数量/个					合计
			0	1	2	3	≥4	
体制内样本	年龄/岁	20~29	61 (16.99)	84 (23.40)	212 (59.05)	2 (0.56)	0 (0.00)	359 (100.00)
		30~39	3 (1.01)	79 (26.60)	208 (70.03)	6 (2.02)	1 (0.34)	297 (100.00)
		40~49	2 (0.65)	70 (22.58)	230 (74.19)	7 (2.26)	1 (0.32)	310 (100.00)
	合计		66 (6.83)	233 (24.12)	650 (67.29)	15 (1.55)	2 (0.21)	966 (100.00)

注：(1)括号内表示行频率，单位为%。

(2)Pearson 卡方统计量为 98.51，对应的 P 值为 0.000。

通过表 5-7 我们可以了解"孩次"的结构分布，育龄妇女中现实子女数比例最高的是一孩，其次是二孩。从体制内外群体样本来看，体制外样本生育一个孩子和两个孩子的占比比较平均，一孩占 35.58%，二孩占 34.49%；而在体制内群体中，现实子女数占比最高的是一孩，为 57.14%；没有生育的女性占 29.71%；已育二孩儿女性的占比却只有 12.22%。以 30 岁为节点，体制外育龄女性 30 岁以上占比最高的都是二孩，在 42%~49%之间；而 20~29 岁组别中，占比最高的是没有生育的女性，高达 50.23%。在体制内育龄妇女中，30~49 岁占比最高的是一孩，在 73%~76%之间；20~29 岁中占比最高的是没有生育的女性，为 68.25%。从孩次构成来看，体制内女性与体制外女性最大的差异是生育两个孩子的女性数量。

第 5 章 特定职业女性的生育意愿和生育行为的影响因素

表 5-7 育龄女性与现实子女数的列联分析

	频数(频率)	_____现实子女数量/个_____					合计
		0	1	2	3	≥4	
体制外样本	年龄/岁 20~29	1 561 (50.23)	1 076 (34.62)	399 (12.84)	60 (1.93)	12 (0.39)	3 108 (100.00)
	30~39	168 (7.08)	978 (41.21)	1 006 (42.39)	182 (7.67)	39 (1.64)	2 373
	40~49	68 (1.98)	1 119 (32.55)	1 671 (48.60)	453 (13.18)	127 (3.69)	3 438 (100.00)
	合计	1 797 (20.15)	3 173 (35.58)	3 076 (34.49)	695 (7.79)	178 (2.00)	8 919 (100.00)
Pearson 卡方统计量为 3 211.39,对应的 P 值为 0.000							
体制内样本	年龄/岁 20~29	245 (68.25)	100 (27.86)	14 (3.90)	0 (0.00)	0 (0.00)	359 (100.00)
	30~39	35 (11.78)	218 (73.40)	38 (12.79)	5 (1.68)	1 (0.34)	297 (100.00)
	40~49	7 (2.26)	234 (75.48)	66 (21.29)	3 (0.97)	0 (0.00)	310 (100.00)
	合计	287 (29.71)	552 (57.14)	118 (12.22)	8 (0.83)	1 (0.10)	966 (100.00)
Pearson 卡方统计量为 425.29,对应的 P 值为 0.000							

注:括号内表示行频率,单位为%。

5.2 生育意愿影响因素的分析

通过以上的描述分析发现,影响妇女生育意愿和生育行为的因素主要有:育龄妇女的个人与家庭背景特征、婚育状况、生育动机。但是,描述统计仅仅只检验了每个自变量与因变量的关系和自变量之间的线性关系,这种关系有可能会受到其他因素的影响,为了进一步检验,在这一部分将采用回归分析来探讨各个自变量与因变量之间的独立关系。为了增强稳健性和控制共线性,一般在统计模型的回归当中,通过不同的方法以及不同的控制变量以求提供多个模型的估计结果。在这一部分,研究将理想子女数和现实子女数分别作为因变量建立线性回归模型,通过一般最小二乘法(ordinary least squares,OLS)进行拟合估计。回归中有三个模型,即分三次逐步纳入变量。回归按照样本量,分成总样本、体制内群体和体制外群体三个部分分别对理想子女数和现实子女数的影响因素进行解释,期待在不同样本群体的结果中找寻共性和差异性以体现体制内女性生育意愿与行为的特点和影响因素的特征。第一次测量时,将表达个体背景的"年龄""婚姻状况""民族"和"户口类别"变量纳入模型,考察个体背景特征对理想子女数和现实子女数的影响。第二次测量在第一次的基础上增加了"配偶年龄""配偶受教育年限""初婚年龄""初育年龄"及"第一胎性别"变量,主要考察个人配偶信息、初婚初育情况对于理想子女数和现实子女数的解释作用。第三次将"为年老时有人帮助""为了延续香火"和"为了经济上有保障"等变量纳入模型,主要考察生育动机对于理想子女数和现实子女数的影响。

5.2.1 总样本的回归结果

在这一部分,表5-8表达了总体样本生育意愿影响因素的回归结果。其中包括模型1中引入了个人特征,包括年龄、婚姻状况、民族、户口类别、受教育年限、家庭总收入和是否在体制内工作。模型2在模型1的基础上加入了配偶年龄、配偶受教育年限、初婚年龄、初育年龄和第一胎性别5个变量。模型3在模型2的基础上纳入了生育动机变量,包含经济支持、养老保障、家庭延续和主观幸福度提升四个层面。

表5-8 理想子女数的OLS回归结果

变量	OLS模型		
	模型1	模型2	模型3
年龄	0.013 6*** (12.584)	0.010 5*** (2.965)	0.017 7*** (3.903)
婚姻状况	0.384*** (16.965)	0.091 9 (1.540)	0.100 (1.133)

第5章 特定职业女性的生育意愿和生育行为的影响因素

续表

变量	OLS 模型		
	模型 1	模型 2	模型 3
民族	0.000 703 (0.040)	−0.266*** (−7.877)	−0.312*** (−7.630)
户口类别	−0.012 6 (−0.614)	−0.084 7*** (−3.043)	−0.105*** (−2.794)
受教育年限	−0.018 1*** (−7.740)	−0.004 38 (−1.327)	0.002 06 (0.476)
家庭总收入	−0.019 7*** (−3.159)	−0.012 4 (−1.401)	−0.004 01 (−0.363)
是否在体制内工作	−0.023 9 (−0.859)	−0.007 77 (−0.208)	0.023 4 (0.464)
配偶年龄		−0.005 73* (−1.693)	−0.011 0*** (−2.579)
配偶受教育年限		−0.014 8*** (−4.351)	−0.018 0*** (−4.043)
初婚年龄		−0.001 88 (−0.341)	−0.002 75 (−0.406)
初育年龄		−0.005 15 (−1.075)	−0.007 98 (−1.356)
第一胎性别		−0.051 9*** (−2.725)	−0.077 4*** (−3.150)
为了年老时有人帮助			0.008 40 (0.331)
为了延续家族香火			−0.058 7** (−2.465)
为从经济上帮助家庭			−0.053 4*** (−2.690)

续表

变量	OLS模型		
	模型1	模型2	模型3
为看孩子长大的喜悦			−0.062 3 (−1.565)
为子女在身边的快乐			−0.044 4 (−1.022)
为感受有宝宝的喜悦			0.000 571 (0.014)
为使家庭更重要			0.028 1 (0.882)
为增强责任心			0.049 0 (1.406)
为增加亲属联系			0.015 7 (0.632)
常数项	1.365*** (17.931)	2.430*** (16.297)	2.767*** (13.598)
样本量	9 885	4 760	2 910
R^2	0.112	0.040 0	0.063 7
F统计量	179.3	17.51	10.42
P值	0.000	0.000	0.000

注：(1)括号内表示各估计系数对应的 t 值。
(2)*、**和***分别表示在10%、5%和1%的统计水平上显著。
(3)OLS模型中的 R^2 为调整 R^2。

其中，模型1中只包含了个体特征变量，通过模型可以发现，从年龄变量来看，呈现了与因变量的显著正相关。李建新等[①]利用江苏省1966—1988年出生的育龄妇女的生育意愿与生育行为的调查数据进行了当代妇女的生育

---

① 李建新，苏文勇，张月云. 中国当代育龄妇女生育意愿分析——以江苏6县市调查为例[J]. 南京人口管理干部学院学报，2011，27(02)：21-26.

第5章 特定职业女性的生育意愿和生育行为的影响因素

意愿分析,研究结果表明,与20世纪60年代出生的人相比,20世纪70年代出生的人生育二孩的意愿不高,而20世纪80年代出生的人则更倾向于生育一个孩子。"80后"是计划生育政策全面实施以后出生的一代,其生育意愿与父辈相比已然有了很大差异。本研究的模型结果与李建新等[1]的研究结论一致,年龄越大的育龄女性理想子女数量越多,越年轻的育龄女性,其生育意愿越低。年轻人意愿生育子女数的减少,既是现代化过程的必然,也深深打上了中国的烙印。民族和户口类别随着变量的逐步纳入后,在模型2和模型3中体现出非常显著的负相关关系。这表明,少数民族女性的生育意愿比汉族的高,持有农业户口的女性的理想子女数高于非农户口的育龄女性。婚姻状况变量在模型1中表现出显著影响,但是在模型2~3加入了新变量之后显著性发生转变,这体现出婚姻状况变量的不稳健性。同样,受教育年限和家庭总收入在模型2和3加入其他变量后,显著性发生改变。观测受教育年限变量,结合之前的自变量相关分析,女性受教育年限与配偶的受教育年限高度相关,因此可能发生共线性改变其显著性。在本研究中的家庭收入变量,取家庭年收入的绝对值,与理想子女数呈负相关,但是在模型2和3中的不显著也体现了变量的不稳健性。模型2加入的配偶信息变量体现出了显著的负向相关信息。配偶年龄越高,女性的生育意愿越低,这比较符合正常的生理性考虑。配偶的受教育年限的影响非常显著,这表明,配偶受教育的年限越长,女性的理想子女数量越少。在生育情况变量中,第一胎子女的性别影响非常显著,且呈负相关。这体现了育龄女性较强烈的生育性别偏好,第一胎生育是女孩的女性更期待生育更多子女,表达了喜好生育男孩儿的传统性别观念。在模型3加入生育动机变量后,有两个生育观念对生育意愿的影响非常显著。"为延续家族香火"和"为从经济上帮助家庭"分别体现了与理想子女数的强负相关。家族延续是中国传统生育观念中重要的动机和生育目的,既反映了传宗接代的家庭功能,也能从"香火"一词中发现生育男孩儿的性别偏好与重要性。孙隆基[2]在著作中提及,"人伦"一词体现了中国式的生育观念,

---

[1] 李建新,骆为祥.生育意愿的代际差异分析:以江苏省为例[J].中国农业大学学报,2009,26(03):21-30.

[2] 孙隆基.中国文化的深层结构[M].北京:中信出版社,2015:202.

透过人伦关系来进行传宗接代。正如孟子所倡"不孝有三，无后为大"。[1] 但是，根据本研究的回归结果，意愿子女数越高的育龄女性，对于"延续家族香火"的观点也越不支持。西方在发达国家低生育水平的研究中，莱宾斯坦最早提出用经济学概念和经济学理论解释家庭生育孩子的成本和效用。在20世纪50年代，莱宾斯坦在研究中建立了孩子成本-效用微观经济学模型。该模型认为生育孩子的成本包括直接成本和间接成本，直接成本即在孩子的生活、教育和娱乐等方面的消费，间接成本为父母在抚养孩子过程中，受教育机会和工作收入的减少等机会成本。而孩子的效用主要分为享乐效用、经济效用、保险效用、孩子承担家庭经济成败风险的效用、长期维持家庭地位以及扩展家庭规模的效用。[2] "为从经济上帮助家庭"体现了妇女及其整个家庭对孩子所带来的经济效用的期待的观念。但是根据回归结果，我们可以发现，理想生育子女数越多的女性，越是体现出对生孩子是为了获得经济支持观点的不赞同。这也说明，传统文化中家族香火延续和期盼获得经济回报等观点逐渐不被支持，女性的生育动机也有了很大的改变。

综上分析结果，首先，在个体与家庭特征层面，年龄、民族和户口类别对生育意愿影响非常显著。姜玉等通过研究发现，在实际生育选择过程中，"高龄生育风险大"对普通家庭生育二孩的影响要大于单独家庭。不打算生育二孩的普通家庭妇女的平均年龄为36.6岁，而单独家庭中不打算生育二孩的女性平均年龄为32.1岁。这意味着全面二孩政策的放开不会使这些家庭提高再生育的可能性[3]，也就是女性的年龄偏高带来的生育风险会阻碍对生育孩子的渴望。

民族的差异体现了不同时期生育政策对汉族与其他少数民族的区别对待。由于中国民族众多，少数民族的人口又相对较少，不同少数民族的人口分布更是体现出"良莠不齐"的特征。而计划生育政策的面向群体中并不涵盖对少

---

[1] 孟子. 孟子·离娄上[M]. 万丽华，蓝旭，译注. 上海：中华书局，2013：168.
[2] 谭雪萍. 成本-效用视角下的单独二胎生育意愿影响因素研究——基于徐州市单独家庭的调查[J]. 南方人口，2015，30(02)：1-12.
[3] 姜玉，庄亚儿. 生育政策调整对生育意愿影响研究——基于2015年追踪调查数据的发现[J]. 西北人口，2017，38(03)：33-37.

第 5 章 特定职业女性的生育意愿和生育行为的影响因素

数民族生育子女数量的限制,并且在宽松的社会政策环境下鼓励少数民族的生育,因此,通过对少数民族的政策放宽以鼓励少数民族的生育是国家对整体人口分布的平衡策略,少数民族的女性意愿子女数也要高于汉族女性。

户口类别的影响反映了城乡之间因社会和经济发展带来的差异和文化观念的差别带来的女性生育意愿不同。结果表明,农业户籍群体比非农业户籍群体对于生育的意愿和态度更强烈。卢海洋等人[1]在对城乡女性的调查中发现,农村户口会显著增加女性的二胎生育意愿。其原因可能在于,农村社区对于生长在农村的人群依然有很强的影响。农村户口与农村社区有着千丝万缕的联系,农村地区传统的生育观念和父辈亲友的压力也会使生育意愿的变迁相对缓慢。此外,农村地区在经济发展及开放程度等方面处于相对不利的地位,农村女性仍然深受传宗接代、多子多福、重男轻女等传统生育观念的影响,其现代化的生育观念较弱。因此,农村的女性对于生育二胎的需求会更加强烈。生活在城市中的女性,在经济发展水平较快、社会生活文化偏向现代化的环境下,个体对自主性的追求和对生育的计划会让生育意愿相对较弱。风笑天[2]在研究中表明,户口性质对育龄人群生育意愿的显著影响存在于真正的城乡居民之间,城市外来人口和流动人口与城市群体之间的差异并不明显。

其次,婚姻状况、受教育年限、家庭总收入和雇主性质(是否体制内工作)这三个变量在生育意愿的影响因素分析结果中,并没有体现出显著和稳健的性质。然而,既有研究证明了未婚流动人口理想子女数显著低于曾婚人口。这说明此类差异的存在是因为女性作为生育的直接承担者,在怀孕和养育过程中不仅所花费的时间与精力要远远高于男性,更要面临较高的风险。[3] 因此,婚姻对于女性的生育的风险存在一定的保证和庇护作用,婚否的因素也直接影响了生育意愿的变化。同样,受教育年限和家庭总收入在模型 1 中在 1% 的显著性水平下显著,并呈现了负相关的结果。这从一定程度上说明,女

---

[1] 卢海阳,邱航帆,郑逸芳.女性二胎生育意愿的影响因素研究——基于就业性质和养老观念的视角[J].南方人口,2017,32(03):55-68.

[2] 风笑天.影响育龄人群二孩生育意愿的真相究竟是什么[J].探索与争鸣,2018(10):54-61.

[3] 谢永飞,刘衍军.流动人口的生育意愿及其变迁——以广州市流动人口为例[J].人口与经济,2007(01):54-57.

性的受教育年限对生育意愿的影响是负向的,随着受教育程度和年限的增多,占用了女性大部分的时间和精力,受教育年限多的女性可能要面对的现实生育机会相对较少,对于生育子女的意愿也没有那么强烈。家庭收入对于整体育龄女性的生育意愿存在着负向影响,说明女性在生育的成本衡量中会考虑收入和成本的关系。

是否在体制内工作也就是雇主性质变量对生育意愿的影响不是很明显,也不是很显著,但是在模型1和模型2的结果都显示出这个变量对于生育意愿的负向影响。也就是非体制内工作的育龄女性的生育意愿要强烈于体制内女性。在计划生育时期,相关计生政策对于体制内群体的严格控制,导致了体制内女性的生育观和社会生育文化发生了变化。社会群体对于"一孩"生育政策经历了由服从至同化再到内化的阶段,体制内女性群体在一孩政策时期经历了由上至下对于生育行为的控制,接受了组织对于人口调控政策的规定,并理解和支持一个孩子对人口和环境带来的现实意义。然而,生育观念和态度在内化后存在着持续性和稳定性的特点,体制内女性在二胎政策逐步放开后生育意愿仍存在着对于"一个孩子好"观念的认同。此外,在社会转型时期,"单位"的转型让家庭从对组织和国家的依附中分离出来,并形成了自主性和多元化选择的家庭模式。田毅鹏等[①]在研究中表明,在单位转型的过程中,围绕着计划生育问题而形成的家国关系的特殊表象也必然发生变化,具体表现为"家"与"国家-单位"的依赖关系大大减弱,呈现出一种分离式的衍化趋向。当代社会中体制内女性与其所在的家庭失去了对于组织的依赖,在生育选择和意愿中都是以自主选择和自主计划为主,并不会随着国家生育政策的放开立刻执行或是拥有对政策保持高度一致的态度。

最后,在理想子女数的模型结果中,初育年龄的影响并不是很显著,但是第一胎生育性别在回归结果中产生了显著影响。第一胎生育性别是女孩的女性,意愿继续生育和选择继续生育的比例更高,这也证明了传统文化中对于男孩偏好的观念依旧影响深远。生育观念的形成受到生育主体成长环境影

---

① 田毅鹏,陈凤楼.单位制变迁背景下城市生育管理控制模式的转换[J].河北学刊,2018,38(03):176-182.

第5章 特定职业女性的生育意愿和生育行为的影响因素

响,具有一定的固有性。生育观念惯性与时间影响成正比,形成时间越长,生育观念惯性越大,生育观念彻底改变的可能性越低。风笑天[①]认为,生育态度,生育动机,初生育年龄和生育间隔,生育质量和数量的关系,生育性别偏好是生育观念的主要内容。

生育动机是研究中的重要考量。本研究中关注的生育动机变量直接从9个方面直观反映了女性的生养观念。在模型3将生育动机变量纳入模型后,结果显示,"为延续家族香火"和"为从经济上帮助家庭"对生育意愿的影响比较显著。这表示,传统的家庭延续性文化在生育意愿中的影响逐步减弱。

5.2.2 体制外女性群体样本的分析结果

在体制外女性样本的模型中,共有育龄女性样本8 919人。模型1引入了个人与家庭特征的变量,模型2在模型1的基础上加入了配偶年龄、配偶受教育年限、初婚年龄与初育年龄和第一胎性别等变量。模型3在模型2的基础上引入了生养观念和目的也就是生育动机的变量。

表5-9体现了以理想子女数为因变量的回归结果。模型1纳入了体制外女性的个体特征。在研究中分析样本的年龄分布以20~49岁为主,结果显示,年龄越偏大的女性,意愿生育子女数越多。婚姻状况在模型1中影响显著,但是在模型2和3中却失去了显著性,说明变量在回归中不稳健的特性。根据民族变量的赋值我们可以观测出,少数民族的生育意愿高于汉族。按照户口性质来划分,非农业户口女性的理想子女数相对显著低于农业户口的女性。受教育程度不同,理想子女数量也存在差异,随着受教育年限的提高,生育意愿有显著下降的趋势,而受教育年限变量在模型2和3中显著性在减弱,说明因受教育年限引起的差异性也不是特别稳定及明显。家庭收入在模型1中影响非常显著,但是在模型2和3中失去显著性,这说明尽管随着家庭收入的增高,理想子女数有减少的负向影响趋势,但是差异不明显。配偶的年龄和配偶的受教育程度对生育意愿的影响非常显著。年龄偏高的配偶,其妻子的生育意愿相对低于配偶年龄偏低的女性。配偶的受教育年限偏高的女性与配偶的受教育年限偏低的女性相比较,理想子女数相对少于后者。第一胎

---

① 风笑天. 城市青年的生育意愿:现状与比较分析[J]. 江苏社会科学,2004(04):175-181.

性别对于生育意愿有显著的影响,在性别偏好上,第一胎生育女孩儿的育龄女性更加期待多生育子女。在生育动机层面,孩子的生养观念中,"为延续家族香火"和"为从经济上帮助家庭"对于理想子女数是负向且显著的影响。这说明,生育意愿越高的女性越反对这两个观点。这也体现了随着时代的变迁,体制外女性群体的生育观念也在发生着变化。

表5-9 体制外样本理想子女数的OLS回归结果

变量	OLS模型		
	模型1	模型2	模型3
年龄	0.013 9***	0.011 0***	0.019 4***
	(12.072)	(2.889)	(4.018)
婚姻状况	0.394***	0.093 6	0.146
	(16.033)	(1.442)	(1.491)
民族	−0.007 22	−0.276***	−0.331***
	(−0.385)	(−7.674)	(−7.615)
户口类型	−0.035 6	−0.088 8***	−0.099 4**
	(−1.592)	(−2.959)	(−2.469)
受教育年限	−0.019 4***	−0.007 20**	0.000 166
	(−7.733)	(−2.025)	(0.036)
家庭收入	−0.021 7***	−0.011 3	−0.002 16
	(−3.310)	(−1.218)	(−0.188)
配偶年龄		−0.006 32*	−0.013 0***
		(−1.750)	(−2.857)
配偶受教育年限		−0.016 3***	−0.019 1***
		(−4.493)	(−4.009)
初婚年龄		−0.003 03	−0.005 03
		(−0.519)	(−0.695)
初育年龄		−0.004 51	−0.006 26
		(−0.887)	(−0.999)

第5章 特定职业女性的生育意愿和生育行为的影响因素

续表

变量	OLS模型		
	模型1	模型2	模型3
第一胎性别		−0.057 5***	−0.082 4***
		(−2.819)	(−3.140)
为了年老时有人帮助			0.012 0
			(0.439)
为延续家族香火			−0.070 4***
			(−2.724)
为从经济上帮助家庭			−0.054 3**
			(−2.567)
为看孩子长大的喜悦			−0.058 2
			(−1.389)
为子女在身边的快乐			−0.051 5
			(−1.116)
为感受有宝宝的喜悦			0.007 38
			(0.168)
为使家庭更重要			0.028 7
			(0.852)
为增强责任心			0.055 2
			(1.488)
为增加亲属联系			0.013 3
			(0.503)
常数项	1.386***	2.480***	2.773***
	(17.177)	(15.656)	(12.805)
样本量	8 919	4 337	2 676
R^2	0.113	0.040 6	0.064 0
F统计量	189.6	17.67	10.15

注：(1)括号内表示各估计系数对应的 t 值。

(2)*、**和***分别表示在10%、5%和1%的统计水平上显著。

(3)OLS模型中的 R^2 为调整 R^2。

综上结果，首先，在个体与家庭背景特征的方面，体制外女性群体的结果与总样本的结果基本一致。其中，年龄对生育意愿的影响十分显著，这说明，年龄大的女性与年龄偏小的育龄女性相比，理想子女数偏高。婚姻、民族、户口类型和受教育年限状况的影响与总体样本的影响一致。

其次，配偶的受教育年限和配偶的年龄对生育意愿产生了显著影响。而初婚年龄和初育年龄在理想子女数的模型中，二者的解释力度就非常弱，影响也十分不明显。女性在生育选择的过程中，可以自主控制生育计划，也可以自主安排选择生育时间，且目前的社会群体的婚育时间呈现多元的特点，并不会受到传统的生育制度的影响集中在某个年龄层面必须去选择婚育。当今社会的青年大部分人表现出的是结婚较晚、生育较晚的特点，甚至也有不婚主义、不育主义者的存在。

最后，在生育动机的结果中，与总体样本的结果保持一致。体制外女性群体中，生养观念最显著的是"为延续家族香火"和"为从经济上帮助家庭"，这两个动机变量对理想子女产生了显著影响。这说明，传统观念的作用力度随着时代的发展和变迁对女性的生育意愿的控制在减弱，人们的生育态度和生养观念都发生了很大改变。

5.2.3 体制内身份女性的回归结果

体制内女性群体是本研究重点关注和分析的群体。因为工作性质和环境的特殊，其生育意愿和生育行为在不同时期可能受到不同因素的影响。在体制内女性的样本回归模型中，与其他两个群体一致，用OLS分成三个模型逐渐添加变量进行回归。模型1引入了个人与家庭特征的变量，模型2在模型1的基础上加入了配偶年龄、配偶受教育年限、初婚年龄与初育年龄和第一胎性别等变量。模型3在模型2的基础上引入了生养观念和目的也就是生育动机的变量。

表5-10的分析模型中，我们可以发现，与体制外群体相比，体制内女性的理想子女数的影响因素发生了很大改变。从年龄来看，模型1中年龄的影响显著，但是模型2和模型3中，其影响变得不显著，这说明，尽管依照估计结果判断，年龄对体制内女性的生育意愿呈正向影响，但是差异不明显。在其他影响因素中，相对影响显著、稳健性较好的是女性的初育年龄，结果表明，女性的初育年龄越偏大，生育意愿相对会降低。

第5章 特定职业女性的生育意愿和生育行为的影响因素

表 5-10 体制内样本理想子女数的 OLS 回归结果

变量	OLS 模型		
	模型 1	模型 2	模型 3
年龄	0.007 46**	0.009 64	0.005 72
	(2.478)	(1.054)	(0.503)
婚姻状况	0.298***	0.088 2	−0.125
	(5.655)	(0.691)	(−0.787)
民族	0.057 5	−0.075 0	0.013 2
	(1.302)	(−0.853)	(0.130)
户口类型	0.156***	−0.061 9	−0.249***
	(3.253)	(−0.959)	(−2.988)
受教育年限	−0.005 43	0.015 8**	0.022 3**
	(−0.890)	(2.017)	(2.418)
家庭总收入	0.007 56	−0.033 1	−0.079 5*
	(0.366)	(−1.199)	(−1.887)
配偶年龄		−0.003 33	0.004 84
		(−0.388)	(0.490)
配偶受教育年限		0.000 964	0.002 75
		(0.112)	(0.271)
初婚年龄		0.021 2	0.014 6
		(1.422)	(0.913)
初育年龄		−0.024 6*	−0.022 6
		(−1.846)	(−1.582)
第一胎性别		−0.008 06	−0.030 0
		(−0.171)	(−0.538)
为了年老时有人帮助			−0.017 0
			(−0.318)
为延续家族香火			0.046 1
			(0.935)

续表

变量	OLS模型		
	模型1	模型2	模型3
为从经济上帮助家庭			−0.028 5 (−0.561)
为看孩子长大的喜悦			−0.061 3 (−0.487)
为子女在身边的快乐			−0.011 3 (−0.097)
为感受有宝宝的喜悦			0.006 99 (0.057)
为使家庭更重要			−0.007 06 (−0.076)
为增强责任心			−0.058 0 (−0.661)
为增加亲属联系			0.080 1 (1.315)
常数项	1.009*** (4.243)	1.884*** (4.574)	2.677*** (4.817)
样本量	966	423	234
R^2	0.096 9	0.001 91	0.033 7
F 统计量	18.26	1.074	1.406
P 值	0.000	0.381	0.121

注：(1)括号内表示各估计系数对应的 t 值。

(2)*、**和***分别表示在10%、5%和1%的统计水平上显著。

(3)OLS模型中的 R^2 为调整 R^2。

通过分析结果，在体制内群体中，相较于总体样本和体制外样本，回归的结果出现了差异。首先，差别最大的是生育动机。在总体样本和体制外样本的分析中，家庭延续和经济支持变量皆非常显著。而在体制内群体中，只

第5章 特定职业女性的生育意愿和生育行为的影响因素

有"为延续家族香火"这个动机产生了显著影响。另外,经济支持观点和延续家族香火观点在总样本和体制外样本中的结果为负向影响,但是在体制内群体样本中,"为了延续家族香火"这样的观念和目的产生正向的影响。这说明,对于生育的态度和观念在不同群体中是截然相反的,体制内女性的生育观念和文化更加偏向于传统。

其次,年龄、婚姻状况、民族、受教育年限和家庭收入等变量总体影响并不显著。但是体制内女性的年龄对生育意愿呈正向影响,这说明体制内女性的理想子女数在一定程度上随着育龄女性的年龄的提高而增多,年轻的女性意愿要低于年长的育龄女性。体制内育龄女性的初育年龄对生育意愿的影响是比较显著的,初育年龄越大的女性理想子女数越少。这说明,第一胎生育的时间影响了生育下一胎的意愿,年纪越大的女性可能在自然健康条件和高龄产妇的风险层面顾虑更多。

5.3 生育行为的影响因素分析

人口是社会的基本构成要素,稳定的可持续增长的人口对于一个国家或地区经济社会发展和政权稳定的重要性不言而喻,在现代社会,适当生育是社会生存最基本的行为模式。生育行为包括生育的数量、间隔与生育质量。而生育子女的数量是生育行为中最直观的表现形式,也是最能体现生育状况的标准。本研究关注的生育行为是育龄女性的现实生育子女数,因此,选择女性的现实子女数为被解释变量。

5.3.1 总体女性样本的回归结果

表 5-11 是以现实子女数为被解释变量的回归结果。在模型 1 中,年龄、受教育年限、是否为体制内身份和户口类别四个变量体现了非常显著的影响。育龄女性年龄越高,现实生育孩子数量越多。根据描述部分的结果,30 岁以上的妇女占拥有两个以上孩子的妇女群体的大多数。从生理角度,这一部分的女性拥有了更长的生育时间;从观念角度,1974 年以前出生的育龄女性与之后出生的女性的生育态度存在差异。受教育年限在这个回归结果中非常稳健,我们可以发现其与理想子女数的负相关关系。随着受教育年数增多,受教育程度越高,现实生育子女数越少。随着女性受教育时间的增加,在校在

读的时间就意味着更长，这在很大程度上会影响女性的生育选择。体制内身份是本研究重点关注的变量，根据结果我们可以判断，非体制内群体的现实子女数要远远高于体制内女性群体的子女数量。20世纪70年代开始推行的计划生育政策对体制内群体产生了更多的限制，这使得体制内女性基本以生育一个孩子为主。但是数据调查时期，生育政策已经相对而言比较宽松，也出台了"独生子女夫妇可生育二孩"的相关政策。然而，体制内群体的生育子女数依然比非体制内群体要少，这既可能是存在着旧的计生政策带来的影响和惯习，也可能是群体生育的积极性不高。户口类别的影响非常显著，结果显示，持有农业户口的女性会比非农业户口的女性生育孩子更多。婚姻状况、家庭总收入和民族也体现了相对显著的影响，但是在三个模型中显著性存在着不一致，这同时也说明这三个变量相对的不稳健性。根据描述统计部分的变量赋值，"0"表示非婚姻状态，"1"表示在婚姻状态。这说明，在婚姻状态中的女性生育的子女数相对更多。众多发展经济学的研究结果显示，收入与生育意愿之间基本上呈倒"U"形关系，家庭总收入也是影响生育行为的重要因素，对现实子女数的负向影响非常显著，家庭收入越高的群体，生育子女数相对越少。但是，也有研究结果表明，社会经济地位在一定程度上是对生育的推动而并非抑制因素。李建新等[①]发现，拥有大学学历和高收入的妇女在生育理想和生育打算上也更希望有1个以上的孩子。民族变量整体比较显著，尽管在模型1中出现了相对非稳健的状态，但是模型2和3的结果显示，少数民族女性群体生育的子女数远远高于汉族，这比较符合现实针对少数民族群体相对开放的生育政策。模型2中添入并考虑配偶信息、初婚年龄和初育情况，结果表明加入的新变量影响非常显著。配偶年龄越大，生育子女数就越少；同样情况，配偶的受教育年限越高，现实拥有的子女数越少；初婚年龄的影响非常显著，意味着初婚年龄越大，生育多个子女的情况越少；同样，初育年龄也对现实子女数产生了显著的负向影响。生育一胎年龄的推迟，也大大降低了生育多个孩子的可能。传统文化中，"重男轻女"和"传宗接代"等

---

① 李建新，苏文勇，张月云.中国当代育龄妇女生育意愿分析——以江苏6县市调查为例[J].南京人口管理干部学院学报，2011，27(02)：21-26.

第5章 特定职业女性的生育意愿和生育行为的影响因素

性别观念一直对生育影响深远，一胎是女孩的妇女选择继续生育的情况比例更高，这说明，即使在当今开放度很高的社会中，对于生育男孩儿的偏好在当今社会依旧存在于很多人的观念中。模型3在模型2的基础上引入了生育动机的变量，从回归估计系数来看，生育子女越多的育龄女性，对"为从经济上帮助家庭"这一观点越表现出不赞同，为获得经济支持的观点对现实子女数的影响呈负向显著关系。

表5-11 总样本现实子女数的 OLS 回归结果

变量	OLS模型		
	模型1	模型2	模型3
年龄	0.035 7*** (34.617)	0.020 2*** (5.447)	0.039 3*** (8.441)
婚姻状况	0.729*** (33.795)	0.136** (2.188)	0.126 (1.386)
民族	0.080 0*** (4.810)	−0.239*** (−6.799)	−0.214*** (−5.124)
户口类别	−0.292*** (−14.897)	−0.313*** (−10.782)	−0.249*** (−6.490)
受教育年限	−0.043 2*** (−19.320)	−0.021 6*** (−6.268)	−0.013 5*** (−3.047)
家庭总收入	−0.017 7*** (−2.970)	−0.015 8* (−1.711)	−0.010 6 (−0.935)
是否为体制内身份	−0.096 6*** (−3.644)	−0.133*** (−3.397)	−0.121** (−2.340)
配偶年龄		−0.007 27** (−2.062)	−0.011 2** (−2.572)
配偶的受教育年限		−0.023 4*** (−6.590)	−0.027 3*** (−6.001)

续表

变量	OLS模型		
	模型1	模型2	模型3
初婚年龄		−0.026 2*** (−4.567)	−0.025 5*** (−3.668)
初育年龄		−0.011 4** (−2.276)	−0.024 6*** (−4.081)
第一胎性别		−0.286*** (−14.386)	−0.266*** (−10.560)
为了年老时有人帮助			−0.016 4 (−0.630)
为延续家族香火			−0.039 0 (−1.601)
为从经济上帮助家庭			−0.063 3*** (−3.111)
为看孩子长大的喜悦			−0.064 0 (−1.571)
为子女在身边的快乐			0.017 7 (0.398)
为感受有宝宝的喜悦			−0.011 8 (−0.278)
为使家庭更重要			0.024 4 (0.746)
为增强责任心			0.017 2 (0.483)
为增加亲属联系			0.002 76 (0.109)
常数项	0.057 2 (0.787)	2.936*** (18.886)	3.049*** (14.639)

第5章 特定职业女性的生育意愿和生育行为的影响因素

续表

变量	OLS模型		
	模型1	模型2	模型3
样本量	9 885	4 760	2 910
R^2	0.452	0.223	0.263
F统计量	1 167.2	114.5	50.34
P值	0.000	0.000	0.000

注：(1)括号内表示各估计系数对应的 t 值。

(2)*、**和***分别表示在10%、5%和1%的统计水平上显著。

(3)OLS模型中的 R^2 为调整 R^2。

5.3.2 体制外身份女性的回归结果

表5-12中是以体制外女性群体的现实子女数为被解释变量的模型分析结果。通过OLS模型的分析，从年龄来看，年龄越大的育龄女性，生育的子女数显著高于年龄偏低的育龄女性。婚姻状况的影响显著性也比较强，说明处于婚姻状态的育龄女性现实子女数要高于非婚女性，但是模型2和3中，显著性低于模型1，说明婚姻状况的稳健性相对较弱，差异显著性也相对不强。从民族来看，因为生育政策的差异，少数民族的现实子女数明显高于汉族。随着受教育年限的变高，女性现实生育子女数就相对减少，其差异性比较明显，影响也非常显著。家庭收入对于生育行为是负向影响，但是其差异不明显。与生育意愿的模型结果一致，配偶的年龄和配偶的受教育年限对生育行为的影响显著。根据估计结果，配偶年龄越大，现实子女数越少；配偶的受教育年限越高，现实生育孩子的数量也越少。女性的初婚年龄和初育年龄的差异对于生育行为影响十分明显，且二者皆为负向影响。初婚年龄越大，现实子女数越少；同样地，女性的初育年龄越大就越影响生育行为。第一胎性别从侧面反映了育龄女性的性别偏好，在体制外女性中，第一胎是女孩的女性，现实生育子女数高于第一胎是男孩儿的女性，这说明，对于男孩儿的偏好观念依旧很强烈。在反映生育目的和观念的变量中，"为从经济上帮助家庭"和"为延续家族香火"的差异性很明显。结果表明，越不支持上述两个观点

的女性，生育子女数反而越高。经济支持和家族延续这样的传统态度，随着时代的更迭，影响程度逐渐减弱，在体制外女性群体中也越来越不被支持。

表 5-12 体制外样本现实子女数的 OLS 回归结果

变量	模型 1	模型 2	模型 3
年龄	0.036 2*** (32.623)	0.021 9*** (5.493)	0.040 2*** (8.118)
婚姻状况	0.752*** (31.704)	0.173** (2.542)	0.171* (1.710)
民族	0.076 4*** (4.229)	−0.251*** (−6.662)	−0.227*** (−5.111)
户口类型	−0.308*** (−14.293)	−0.321*** (−10.182)	−0.257*** (−6.230)
受教育年限	−0.043 9*** (−18.119)	−0.023 9*** (−6.399)	−0.014 2*** (−2.981)
家庭收入	−0.018 9*** (−2.997)	−0.014 2 (−1.455)	−0.009 00 (−0.766)
配偶年龄		−0.008 22** (−2.167)	−0.012 3*** (−2.637)
配偶受教育年限		−0.024 4*** (−6.399)	−0.028 1*** (−5.774)
初婚年龄		−0.027 8*** (−4.527)	−0.027 6*** (−3.726)
初育年龄		−0.012 2** (−2.288)	−0.023 5*** (−3.671)
第一胎性别		−0.302*** (−14.082)	−0.271*** (−10.097)
为了年老时有人帮助			−0.020 9 (−0.743)

第 5 章 特定职业女性的生育意愿和生育行为的影响因素

续表

变量	OLS 模型		
	模型 1	模型 2	模型 3
为延续家族香火			−0.055 0** (−2.079)
为从经济上帮助家庭			−0.063 0*** (−2.909)
为看孩子长大的喜悦			−0.055 8 (−1.302)
为子女在身边的快乐			0.025 7 (0.544)
为感受有宝宝的喜悦			−0.015 1 (−0.335)
为使家庭更重要			0.035 6 (1.031)
为增强责任心			0.010 9 (0.286)
为增加亲属联系			−0.000 796 (−0.030)
常数项	0.043 0 (0.553)	2.955*** (17.762)	3.065*** (13.820)
样本量	8 919	4 337	2 676
R^2	0.438	0.190	0.228
F 统计量	1 159.4	93.55	40.50

注：(1)括号内表示各估计系数对应的 t 值。

(2)*、**和***分别表示在10%、5%和1%的统计水平上显著。

(3)OLS 模型中的 R^2 为调整 R^2。

5.3.3 体制内身份女性的回归结果

表 5-13 的模型分析结果中,对于体制内女性现实的生育行为,影响最显著的是户口类型、第一胎性别和表达家族延续的生育动机。从户口类别来看,体制内女性中,农业户口的实际生育子女数高于非农业户口群体。第一胎性别对现实子女数呈负向影响,根据赋值,我们可以判断,第一胎是女孩儿的女性现实子女数更高。从生育动机的角度来看,在体制内群体中,"为延续家族香火"观点影响十分显著。值得关注的是,与总体样本和体制外群体样本相反,家族延续的观点对体制内女性的现实子女数是正向影响。这表明,对延续家族香火观念支持度越高的育龄女性,会选择生育子女数越多。因此,我们可以发现,体制内女性的生育观念相对非常传统,延续家族香火所表达的目的分为两层,其一是家庭延续,其二,"香火"一词反映了传统文化中对男孩儿的偏好。体制内女性中,通过第一胎性别变量的结果,我们也可以发现,对于男孩儿的偏好更强烈。所以,延续了传统生育文化和观念态度,体制内女性既注重家庭的延续性,也相对比较偏向生育男孩。此外,婚姻状况、民族、家庭总收入和受教育年限变量虽然对生育行为影响显著,但是差异不明显。

表 5-13 体制内样本现实子女数的 OLS 回归结果

变量	OLS 模型		
	模型 1	模型 2	模型 3
年龄	0.027 2*** (11.684)	0.005 80 (0.754)	0.030 4*** (2.667)
婚姻状况	0.576*** (14.103)	−0.122 (−1.135)	−0.162 (−1.018)
民族	0.089 3*** (2.609)	−0.062 3 (−0.842)	0.026 4 (0.259)
户口类型	−0.135*** (−3.618)	−0.248*** (−4.575)	−0.281*** (−3.378)

第5章 特定职业女性的生育意愿和生育行为的影响因素

续表

变量	OLS 模型		
	模型 1	模型 2	模型 3
受教育年限	−0.033 2*** (−7.038)	−0.007 16 (−1.087)	−0.006 61 (−0.717)
家庭总收入	−0.002 63 (−0.165)	−0.044 8* (−1.929)	−0.055 3 (−1.312)
配偶年龄		−0.001 35 (−0.188)	−0.006 28 (−0.636)
配偶受教育年限		−0.013 4* (−1.849)	−0.013 2 (−1.305)
初婚年龄		−0.002 49 (−0.199)	−0.003 08 (−0.192)
初育年龄		−0.011 7 (−1.041)	−0.030 5** (−2.131)
第一胎性别		−0.151*** (−3.827)	−0.203*** (−3.638)
为了年老时有人帮助			0.007 89 (0.147)
为延续家族香火			0.107** (2.167)
为从经济上帮助家庭			−0.029 3 (−0.578)
为看孩子长大的喜悦			−0.067 7 (−0.538)
为子女在身边的快乐			−0.098 3 (−0.843)
为感受有宝宝的喜悦			0.122 (0.991)

续表

变量	OLS 模型		
	模型1	模型2	模型3
为使家庭更重要			−0.143
			(−1.531)
为增强责任心			0.038 0
			(0.432)
为增加亲属联系			0.065 4
			(1.074)
常数项	−0.035 4	2.573***	2.525***
	(−0.192)	(7.431)	(4.542)
样本量	966	423	234
R^2	0.485	0.197	0.326
F 统计量	152.4	10.43	6.631
P 值	0.000	0.000	0.000

注：(1)括号内表示各估计系数对应的 t 值。

(2)*、**和***分别表示在10%、5%和1%的统计水平上显著。

(3)OLS模型中的 R^2 为调整 R^2。

研究结果表明，体制内外女性群体实际生育情况确实存在差异。通过总体样本的结果来看，体制内工作对生育子女数明显存在限制影响。两个群体的现实子女数回归结果存在相同情况。一方面，"户口类型""第一胎性别"和"为延续家族香火"三个变量同时在体制内外群体中显著，说明传统的生育文化观念仍然深刻影响着女性的生育情况，更体现了对生男孩的性别偏好。另一方面，年龄、民族、婚姻状况、初育年龄、家庭总收入、受教育年限和配偶受教育年限虽然在体制内群体的模型中稳健性较低，但仍能反应与体制外女性一致的趋势。女性的生理年龄直接影响了身体承受生育的能力，随着年龄的增加受孕的可能会逐渐降低，这也直接影响了实际生育孩子的数量。而夫妻双方的受教育程度负相关的结果，不仅说明了学历越高的人越倾向于将全部精力倾注于事业和提升自身条件上，自然降低了对生育方面的关注度，而且反映了学业的完成占用了一定的时间，在完成学业后，实际生育年龄也随之延迟，生育子女数也会自然减少。从两类群体不同的结果表现来看，影响体制外女性实际生育数的最主要因素是"家庭收入"和"为从经济上帮助家庭"动机，"配偶年龄"也凸显了重要作用。由此，我们可以解读到体制内工作的稳定性为女性在生育和养育子女过程中，提供了一定的支持与保障。

5.4 私人生活领域下的个体生育选择——体制内女性的主观生育诉求

随着当代社会的变迁，个体的独立性与自主性逐渐凸显，私人生活领域脱离了集体的色彩，以更私人化形式体现。目前，我国劳动力市场结构呈现出体制内、体制外并存的二元体制分割的特点。从单位和个人的层面来看，社会的转型使传统"单位"解体和重组，单位人个体及其家庭与"国家-单位组织"之间的联结关系发生转变，城市社会生活的风险个体性承担及不确定性也随之大增。[①] 中国人口政策的变化经历了从独生子女政策到"单独二孩"政策再到"全面二孩"政策的变化过程。不同生育政策时期，体制内女性在生育过程中可以被单位"分担"的部分变少。原单位集体时期存在的附属托幼机构、教育机构和医疗机构在市场改革后从单位组织脱嵌，走向市场化。体制内女性群体尽管依然在福利待遇和管理模式上受组织的影响，但是在生养孩子的方面基本全由个体家庭承担。

在当今社会，带有传统色彩的家庭结构模式逐渐消解，作为具有自主选择能力的个体，女性在生育行为的意愿和选择中，更多地展现出自己的计划性与主观能动性。在与父母辈相处的整体家庭环境中，青年一代拥抱新的生活方式，追求私人生活与亲密的夫妻关系，表达出自主决定的要求。在生育观念的层面，夫妻从传统的"祖荫"模式中分离，追随新型生育文化，重视幸福感的提升。与此同时，父辈与子辈在"生与不生""生几个"和"生男还是生

---

① 田毅鹏，陈风楼.单位制变迁背景下城市生育管理控制模式的转换[J].河北学刊，2018，38(03)：176-182.

女"等层面发生了碰撞,这也是个体自主性和选择性的体现。在家庭夫妻关系的平衡中,女性逐渐在决策权中体现了重要的地位,职业女性的经济独力和现代社会平等的性别观念让女性的家庭地位逐渐提升。在生育方面,女性的意见越来越受重视,意愿表达和观念也得到丈夫的支持与认同。在社会生活的进步开放和流变下,生育行为作为人类繁衍的自然属性被赋予了私人自主性选择的色彩。

5.4.1 个人的选择与计划

女性在生育过程中的身体是一种多样态的展现。传统的"母职"角色的构建对于女性而言,体现了父权制秩序下女性地位的限制,由于生育过程失去了外部世界,母亲的角色也成了女性获得独立的最大障碍,让女性沦为了"他者"或"第二性"。随着女性主义思潮的兴起,对父权制的批判让人们意识到了社会结构、意识形态和文化心理等因素对母职的形塑[①],唤醒了女性的主体性意识,对地位的平等性有了重新的审视。一方面,人们逐渐发觉权力对身体的规训将女性限定于自然生育的母性角色中,政策性的约束大大压缩了女性的生育选择空间。随着个体意识的觉醒、女性在职场表现力的提升,生育已然大部分剥离了自然生殖的繁衍属性,增添了家庭私人化的情感缔结色彩,尽管当前生育政策仍然限定了生育数量,但是女性个体对生育会做出自主性选择与计划安排。另一方面,医疗技术的介入围绕着身体展开了人工受孕、人工流产、节育措施、避孕措施以及新生殖技术等新的场景,生育的去疾病化和去自然化共同作用并异化了女性的身体经验。作为母亲的女性对身体的孕育体验和认知都因医疗技术的加持发生了转变。"独生子女"计划生育政策的实施,将医疗"节育"措施作为限制手段应用于对生育数量的监管中,体制内女性因受到单位组织和计生部门的监督,了解了科学节育的医疗术,也大多配合使用了节育手段。

"那时候不允许你生两个,家家都一个(孩子)。计生部门天天盯着女同志的肚子,恨不能关注和盘问你最最隐私的事情。女同志生完孩子是一定要带

---

① 林晓珊. 母职的想象:城市女性的产前检查、身体经验与主体性[J]. 社会,2011,31(05):133-157.

第5章 特定职业女性的生育意愿和生育行为的影响因素

避孕环的,这个是规定。"SY016

现代社会医疗技术不断的升级重新建立了女性对于身体生育实践的体验和认知,更赋予了女性以何种方式生育、在何时何地生育、是否生育的选择权利,让女性存有对生育性质和管理的不同理解。

"具身"(embodiment)是一种弥合了自我与社会、行动与结构等多种二元对立的视角,它既强调了身体在个人认知和社会行动中的作用,同时也关注身体主题所具备的多重属性和能力。[①] 过去30年的研究中,各社会学科普遍出现了"具身的转向"(turn to embodiment),关注肉身性(corporeality)与社会关系、文化与技术的"具身状态"(enfleshment)。[②] 身体在与日常生活、权力的互构过程中,面对社会制度、文化规范在实践经历中的影响,身体行动也随之发生相应的改变。生育政策是宏观权力规训的直接体现。在"独生子女"政策时期,国家通过经济上的奖励、行政上的管控、法律上的约束、医疗技术上的配合与思想文化上的渲染等方式落实计划生育政策。体制内群体因其特殊的工作性质受到了来自单位组织的监督和管控。计生部门对违反规定者处以惩罚,最严重的情况会让体制内的工作者失业。因此,基本没有人会冒着如此巨大的风险去选择生育二胎,个体的自主性和选择性仅能体现在"生不生"和"什么时候生"两个方面。

"政策放开以前规定一直都只让生一个孩子,计划生育政策那阵子,国家宣传,单位也宣传,走在马路上都是标语。在单位,基本没人违反规定生二孩,严重的都会开除党籍、丢掉工作的。国家只让生一个,我们就算想要第二个也不可能,总不能冒着丢掉工作的风险就为了再生一个孩子。我们还有很多同事都是一个单位工作的双职工,罚款、降职或者是被开除,那意味着一个家庭就没有收入了。所以啊,我们都比较遵守规定,家家都是一个孩子,都是一个情况,也就不存在比较后不舒服的心情。"SY016

计划生育政策的实施,普及了国家所倡导的"少生优生"的生育文化,逐渐改变了传统的"传宗接代""多子多福""养儿防老"等生育观念,在该抓就抓、

---

① 李彧白. 生育事件中女性的身体经验与具身实践基于在甘南藏族自治州的调研[J]. 社会, 2020, 40(06): 157-185.
② 希林. 身体与社会理论[M]. 李康, 译. 北京: 北京大学出版社, 2010: 04.

生育意愿与生育行为的影响因素研究——对特定职业女性群体的分析

强行节育等单纯的行政手段之外建立了一种文化的政策路径。在以"单位制"社区为典型的环境中,体制内工作的人们受行政干预、政策宣传、福利制度辅助、鼓励女性的职业卷入、树立先进典型等辅助政策强化了计划生育制度的执行力度,建构出一种争当先进、少生、优生的生育文化。[①] 而影响生育决策的因素中,制度和文化占据了主要地位,而文化作为一种非正式规范对制度加以辅助与强化,并与制度合力影响了女性的生育决策和生育行为。

"单位的先进个人和三八红旗手,对于我们国企职工来说,不仅是难以获得的荣誉,更有直接的奖励(奖金和奖品)。要想能评上,争当先进,就不能在以往的工作经历中违反过规定、犯过错。要是违反计生政策,超生了,别说评上先进荣誉了,搞不好工作都丢了。当时政策宣传一阵,我们都理解了,同意国家(政策文化)当时的说法,'少生、优生'既缓解社会人口压力,同时也减少了我们养孩子的负担。"SY016

中国人口政策转变过程意味着家庭的生育权利逐步从国家被"释放"。伴随时代的变革,社会经济快速、稳定的增长满足了人们物质生活上的需求,社会生活的多元化让个体有了多种选择的生活方式。在对生育的渴求程度上,许多女性并不急于完成"任务"。

"没有说一定要生两个孩子或者是至少生一个孩子的说法,我跟我老公觉得顺其自然比较好,没有(孩子)的生活好像也不错。可能也正是因为我们还没有孩子,没有生育过那种体验。现在的生活模式就是我们夫妻的二人世界,两个人相处得比较融洽。我们两个人下了班看看电影、逛逛街,周末再一起研究研究做饭,这日子也很带劲儿。"SY033

"我们家还真不着急要孩子,除了老人比较期盼我们能有孩子,总催促我们俩快点备孕。但我们两个人好像有一种默契,就认为结婚一定是因为我们比较需要彼此的陪伴,而不是结了婚就要靠生个孩子来让家庭变得完整。生孩子不是我们夫妻特别迫切、渴望的事情。有的时候觉得不生孩子也很好。"SY037

---

① 吴莹,卫小将,杨宜音. 谁来决定"生儿子"?——社会转型中制度与文化对女性生育决策的影响[J]. 社会学研究, 2016, 31(03): 170-192.

第 5 章　特定职业女性的生育意愿和生育行为的影响因素

福柯认为,知识、技术和权力之间存在着非常紧密的联系。现代权力技术的规训对人口的管控与调整反映在对性的干预上。生育政策在体制内单位的强力的制度文化规范在一定情况上也会面临生育文化和诉求的矛盾,一部分人选择采用非常规的手段来维护自己的生育底线。

"单位里曾经有人搞到了假的医疗诊断,证明自己的第一个孩子有疾病,申请到了二胎的生育资格。当时为了掩人耳目,还给孩子打了一阵的葡萄糖(以葡萄糖液充作其他药品),就为了躲避计生部门的核查。还有的人呢,疏通了关系,改了自己的户口上的民族,变成了少数民族。再有就是假离婚,为了这个假离婚还在家里天天'吵架',让大家对他们感情破裂信以为真。反正,为了能生第二个孩子,大家是各有各的门路,上有政策,下有对策。"SY021

在生育政策逐步调整的过程中,大部分社区承担了执行生育监管的工作。对于违反计生规定的生育行为,社区和街道大多采取征收社会抚养费的"罚款"措施,"放松"了对于生育的监管。一方面,生育规定子女数的增加调整了新的对身体的权力"规训",女性的生育选择和决策获得了更多的空间。另一方面,新的生育制度没有立即带来文化的变革,当前的生育文化仍是滞后于制度的变化速度,相当一部分的家庭仍认为有一个孩子就足够获得家庭的幸福感与满足感,再生一个孩子会带来更多的压力,消耗更多的精力。因为生两个孩子是非必须执行的政策规定,生与不生、什么时候生都取决于家庭内部的自主决策。

"我们单位现在不像以前那么严,也不会有人拿你超生的事情大做文章。现在规定允许生两个了,我们单位的计生办好像都改革了,没有专门的部门管生孩子的事儿。再者说,二胎政策开放了,就算是超生得生三个或者三个以上,我觉得一般人家很少有这么选择的(生三个以上孩子)。特别是我们这种国企职工,挣得也不是特别多,家里也没有非说什么理由一定要生多个孩子,我们养一个孩子都老难了(经济和精力投入大),更何况多个孩子呢。"SY021

"现在没听说谁再因为超生(孩子)而丢工作了,监管的话单位也不全负责了,没有什么以前的计生部门了,基本都是社区、街道监管,有违反计生的情况听说也是以罚款为主。我看社区、街道要比单位要更了解每个家庭生育的情况，毕竟我们刚怀孕都要在那进行生育登记、开准生证明，拿着这些材料才能去医院启动生育险，每个月才能享受免费的产检项目。现在二孩政策出台了，我们可能会有生第二个宝宝的计划，但是这个我们两口子还得再商量一下，毕竟生养个孩子是大事，也得看家里老人还能不能给带，条件不允许还真不能说要就要。不然呢，到时候就我们两个人，再带两个孩子负担太重了。"SY025

5.4.2 体制内女性生育观念的多元化

1. 对孩子的性别偏好

对男性偏好的观念形成于自给自足的自然经济时期。当时落后的生产方式让男性劳动力在社会生产力中起到了重要作用，历代王朝为了维护统治和满足富国强兵的需求，在提倡生育的法规中体现出生男孩和生女孩区别对待。越王勾践时期制定政策"……生丈夫者，二壶酒，一犬"[①]，清代"一产三男俱存者，给布十匹，米五石"[②]。重男轻女的思想根深蒂固，由来已久，直至现代社会仍得到了很多人的认同。通过数据的分析结果我们可以发现，第一胎生育子女的性别对现实子女数的影响非常显著，第一胎性别为女孩的家庭会倾向于生育第二胎。这说明对于性别的偏好的传统观念影响依然深远。通过个案访谈，我们可以发现，重男轻女的观念还是存在于许多人的心中。

"就是从我自身的角度来讲，可能想要二孩。……因为我家第一个是女孩儿，我自身是可能还想着再要一个孩子，就想要个男孩啥的。"SY002

"我还是比较传统，我喜欢男孩。我姑娘一出生，我一瞅是个女孩，我当时特别伤心。那时候我就想着说，我应该给他（老公）生个儿子。……我姑娘（女儿）小的时候我就不怎么喜欢她，但是我婆婆特别会做人，我婆婆就说生下女孩挺好的，以后咱们老了跟咱们贴心，你生小子有啥用。后来是我老公对我姑娘（女儿）特别好……我现在就是有的时候，我也看不上我姑娘，哈哈。我其实骨子里是个非常传统的人。"SY016

[①] 陈桐生. 国语[M]. 北京：中华书局，2013：708.
[②] 萧奭. 永宪录(卷一)[M]. 北京：中华书局，1997：09.

第 5 章　特定职业女性的生育意愿和生育行为的影响因素

在选择生育下一个孩子的时候,部分人是因为公婆的生育偏好,并非出于自己的意愿。也有的情况是丈夫和公婆对于性别偏好(重男轻女)的一致,要求妻子生育二胎。

"我老公跟他父母都挺想要男孩儿的。因为第一个宝宝是女孩子,所以他父母强烈要求我生老二,我老公站在他们那边。"SY019

"……尤其我家第一个小孩是女孩,父母他们是非常不接受的。……我父母,就是说表现不出来,但是我能听出来,我能感受出来。我跟我媳妇,跟我父母,或者说我父辈那种传统观念在拉锯。拉锯的时候,我也在考虑人家的感受。我也还得考虑父母的感受。所以我比较想要二胎还是考虑了父母的因素。父母其实是挺想要(二胎)的,尤其是想要个男孩,我也是这么想的。"SY004

然而,独生子女政策的施行在很大程度上平衡了对子女性别的偏好。家家只生一个孩子的情况下,让许多人转变了"重男轻女"的传统观念。此外,女性社会地位的提升让社会正视并重视性别的平等,所以在现今社会中很多人不再在意是"儿子"还是"女儿",认为"男孩女孩都一样"。

"男孩女孩没啥区别,我都喜欢。"SY019

"现在的社会不提倡重男轻女,我不在意我的孩子是男孩还是女孩,我都喜欢。因为都是我的孩子。"SY030

"男孩女孩都一样啊,在(孩子的)成长过程中,我们做家长的都要一样的付诸心血,孩子带给你的欢乐和意义也是一样的!"SY024

当然,对于性别的偏好,有的人更倾向女孩。有的家庭因为喜爱女孩,因此,在第一胎女孩子的情况下就不会选择要第二胎。一部分家庭因为第一胎是个男孩儿,所以非常想生二胎满足要女孩儿的愿望。

"可能我情况比较特殊,我就喜欢小女孩,我家现在就是个小姑娘,然后我就不太想要二胎了。……我就觉得一个(孩子)挺完美,如果再要一个的话,万一是个小男孩还觉得还不如不要呢。女孩感觉非常贴心,男孩子我就不喜欢。……我老公也觉得女孩子比男孩好。"SY014

2. "幸福的源泉"——现代生育观与传统的碰撞

通过与受访者的交流,在受访者谈及对子女需求的态度时,很多人都谈

生育意愿与生育行为的影响因素研究——对特定职业女性群体的分析

到了自己对孩子带来的价值判断,其中不乏由女性拥护传统,也有支持现代生育文化的人,传统与现代生育观交织于女性群体及其家人的世界,共同影响了女性的生育意愿和实际生育行为。传统的生育文化形成于社会生产力相对落后的时代,形成了一种"早、多、男"的价值体系。[①] 儒家文化影响了传统生育观念,又贯彻以"忠"和"孝"的思想作为支撑。孔孟之道提倡繁衍子孙和传宗接代是"奉孝为先"的前提。相比女性自身,"延续香火""传宗接代"等观念更多植根于长辈的思想中。传统的生育文化一方面围绕着"自然化的身体"展开,认为女性在私人化的家庭中扮演着重要角色,结婚生子和照顾家庭是自然的事情。在这类观念中,婚育被制度化为个体和家庭生命周期的阶段性例行任务,人们的生育行为是一个自然而然发生的过程,并不会被刻意地去筹划。[②] 女人在生了孩子经历短暂的月子之后,仍要面临哺乳、育儿、家务劳动以及回归职场的境遇,经历了生育的身体并不需要在过程中格外关照,甚至产后的情绪化也认为是背离了自然身体的现象。

小张是两个孩子的母亲,自从结婚后小张便一直与婆婆生活在一起。起初,年轻的小张并不适应婆婆的旧思想,在生活中经常因琐碎发生摩擦。在生育第一个孩子后,婆婆就催着二人再生一个孩子,她认为孩子是宝贵的财富,女人结了婚就是要生孩子的。在养育孩子的过程中,婆婆也总强调孩子就应该妈妈多带,母亲应该是照顾孩子的主要角色。小张当时并不同意此类说法,日子久了,小张也觉得自己被孩子需要、被家庭所需要,慢慢认同了婆婆的想法,在二胎政策开放后,很快选择跟丈夫再要了一个孩子。"我婆婆和我一直有个观点,就啥呢,人这一辈子啥也攒不下,就能攒下几个孩子。孩子是我生命的延续,母亲是天职。现在两个孩子也基本是我带,虽然又照顾家庭又要上班非常累,但是好像大家都是这么过来的,习惯了自然就好了。"SY001

另一方面,女性被迫接受了传统生育观念对身体的"规训",在新旧观念的碰撞下,理解了生育实践中的身体。这主要体现在了"要不要孩子"问题上,

---

① 朱秋莲. 新中国人口生育政策变迁研究[M]. 长沙:湖南师范大学出版社,2015:20.
② 李卫东,尚子娟. 男孩偏好作为一种生育文化的生产与再生产[J]. 妇女研究论丛,2012(02):36-43.

第 5 章 特定职业女性的生育意愿和生育行为的影响因素

对"延续香火""一定要有个孩子"这种传统思想上的妥协。女性的经历了生育的身体尽管展现了对旧观念的顺从,但初始的生育意愿是拒绝生育孩子,受社会观念文化的情境限制,女性并不能展开具身的生育实践,也不能坚持表达自己的意愿和感受。

小李与妻子是大学同窗,二人毕业后顺利应聘到同一单位工作。两人婚后一开始没有直接要孩子,因为小李的妻子本想坚持做"丁克",但小李一直是想要个孩子,他认为家庭的完整构成中生育是必不可少的环节,但是因为尊重妻子的感受他并没有坚持己见。改变他们生育行为的是小李的岳父岳母,岳父母经常会做女儿的工作,并催促二人尽快生个宝宝。在岳父母长期的坚持下,小李妻子选择妥协,二人在婚后第五年育有一子。小李表示:"中国文化里还是看中亲子血缘关系,一脉相承、传承对于家庭来说还是很重要,血缘的这个继承感觉还是比较浓厚的。我爱人现在还是觉得如果我们二人一直不生孩子日子也不会过得太差,只是可能会让父母失望罢了。"SY002

子女奉养老人是中国人传统,"养儿防老"的文化观念反映了父母对子女的依赖心理,也体现出儒家思想中的孝道的影响。赡养与孝道观念的耦合,形塑了中国人传统的养老模式,同时也形塑了对生育后嗣的看重。在这类观念中,父权制产生了重要的影响,不仅限制了女性的生育角色,而且也让对男孩的偏好根深蒂固。

"我的观点还是比较传统,毕竟我的父母辈就是这个观点,认为女人结了婚就一定得马上生个孩子,最好还得有个男孩。……那时候我就想着说,我老公是家里的独生子,我公婆就这么一个儿子,所以本着传承的观点,我就应该给他生个儿子。……毕竟香火的继承对于他家来说挺重要的。"SY016

"好像中国人骨子里我们对于家庭里面的关系特别看重,从小受到的教育和观念的熏陶就形成了我们对于生孩子这件事绝对看重。……我的祖辈我的父辈传承下来的都是多子多福,养儿防老。我现在也不大反对这个观点,虽然可能现代社会中对于这个想法没那么看重了,甚至是说还觉得有些封建守旧了,但我个人还是喜欢孩子多生两个,也得生个男孩才算是对父辈的交代了。"SY004

"我觉得,生孩子对于我们自身来说也是一个保障。就是当你老了的时候，有个孩子能来看看你，你病了的时候不至于病床前没有人照顾，孩子起码还能来陪陪你。我父亲病重的时期，我姐姐在外地不能及时赶回来，我自己周转于医院、单位和家里，一个人连轴转。辛苦是肯定的，但更难过的是身边没个商量的人，我爱人偶尔还能来替替我，但是家里也有孩子啊。这件事让我触动特别大，就让我特别羡慕生了好多个孩子的老人，关键时刻都能一起出钱出力，互相帮个忙。当时我就暗下决心，怎么也得再生一个孩子，政策放开后，我就坚定了一定得要个老二的想法。"SY020

"……等你以后的时候，就是可能等你老了之后，（孩子）可能也还是有一定的帮助。再一个对家庭来讲，也是有帮助的。父母老了之后，你不可能一个人总是有时间（照顾老人）的，但是以后两个家庭负担，可能两个家庭负担变成啥，变成是负担六个老人，这样可能相对来说比两个人负担，一个家庭负担四个老人要好一点吧。"SY002

经济社会的发展与进步形成了多元化的生育观念，年轻一代不再绝对认同原先的生育文化，个体化的凸显让大部分人对孩子有了新的价值认同。其中，"子女有助于家庭幸福的提升"是众多核心家庭最重视的观点。

"生孩子更多地给我们这个小家带来幸福感。刚生完宝宝的时候，夜里要起来喂夜奶，不能睡一个完整觉，我当时情绪一度很崩溃。后来孩子在两个月时候突然开始咿咿呀呀发音，也渐渐跟大人有了互动，在那之后我就特别爱孩子，他一笑我什么烦恼都忘了。我跟我爱人都喜欢孩子带来的这种幸福感，我们后来又要了第二个孩子，就觉得孩子对于我们夫妻、对于我们整个家庭而言，增添了很大的幸福感。"SY025

"因为我和我老公都不是独生子女，我们从小就生活在一个大家庭里。我老公家里是两个孩子，就是他跟他姐，我家（父母这边）呢，是三个孩子，就是觉得还是有点兄弟姐妹，这个关系比较融洽，感觉像老人有点啥事什么的，这可能就是有个帮忙嘛，因为现在的人际关系感觉也挺淡的，越来越淡，但是要是有个亲兄弟姐妹，肯定跟别人是不一样的。……我的孩子将来有个弟弟或者妹妹，以后一起长大，以后一起上学，一起玩，一起吃东西，一起学习，就是一种幸福和满足。"SY001

第 5 章　特定职业女性的生育意愿和生育行为的影响因素

3. 主观认定"一个孩子很好"

已有研究表明，除了经济成本高、时间精力不够、没有老人帮忙、女方年龄偏大等重要的客观因素影响了女性的生育意愿和二胎生育选择，还有一个不能忽视的主观原因就是女性主观认定"只生一个孩子就很好"。[①] 在独生子女政策三十余年的影响下，人们的生育行动遵循着这种长期存在并逐渐习以为常的惯例性生育路径，在制度与文化共同的作用下，"生一个孩子就很好"这样的观念逐渐在政策的实施和文化的宣传中内化于体制内群体的意识观念里。

"一个孩子真的就足够了，我跟我爱人把孩子带到这么大（孩子上初中三年级），真的花费了不少的心血。我们二人是工薪阶层，平时家里生活的大部分开销现在都在孩子的衣食住行上，自从上了小学开始，孩子的补课费用和兴趣班费用开销特别大，我感觉我是负担不了第二个孩子了，再让我重新来一遍（生二孩），我肯定是不愿意的。现在的家庭生活我非常满足，再多一个我没有精力和信心去养育她（他）。"SY016

"生一个孩子多好啊，我跟我老公都认为现在的状态是最满足的。以前我们父母那一辈都只让生一个，我觉得挺好的。我们现在的工作都比较忙，尤其我还在市场部，经常都需要出差的。一个孩子对于我们小家庭来讲刚刚好。"SYO17

小刘是辽宁铁岭人，大学毕业后应聘到了本地，她的父母不在身边，大部分情况都是夫妻双方承担了主要的育儿照料日常。小刘表示，她和丈夫的家里都不能在经济上和生活上给予特别大的支持，他们夫妻的工资并不是非常高，空闲时间也不是很充裕，生一个孩子对于他们来说是可以"掌控"的范围。"生一个孩子在我和我老公这样的小家庭里是最合适不过的了，我们什么水平（收入）我们自己清楚，综合生养孩子的负担啊、精力啊什么的，我们生一个孩子可以在我们承受的范围内，也是最幸福的。"SY032

[①] 风笑天. 为什么不生二孩：对城市一孩育龄人群的调查与分析[J]. 河北学刊，2018，38(06)：180-187.

5.4.3 体制内女性育儿观念差异的影响

1. "市场化"托儿模式与生育压力

当前社会的经济、家庭与工作等压力增加了生育和养育一个孩子的成本。特别是托儿与照料在走向市场化时，体制内女性的养育观念便出现了差异与分化，具体表现在对现存托儿机构和专业照料的信任缺失。体制内女性在结束产假回归职场的时候，表现出了强烈的不适。其中，最主要的因素育婴师无法获得雇主的绝对信任。

小胡表姐的一段难过的经历令全家人时至今日提起仍心有余悸。小胡的表姐年长她9岁，在她生育的年代，信息化产品和通信还不发达，也没有监控这类的产品。当时小胡姐姐休完产假后回去上班，因为没人帮忙照料孩子，她便雇了一位阿姨帮忙照看，白天家里只有阿姨和宝宝。那会街边经常会有衣衫褴褛的妇女抱着孩子沿街乞讨。偶然的一次，小胡表姐工作时间因公外出，在出租车停靠的一个红绿灯路口，一位抱着孩子乞讨的妇女敲了出租车车窗，她起初并没有在意甚至摆了摆手让其离开，但那个乞讨者坚持站了一会。一个抬头的瞬间，小胡表姐惊恐地发现，那个妇女正是她家的阿姨，抱着的孩子是她儿子。这段经历让小胡表姐一段时间内无法安睡，她后来索性辞职自己在家照料孩子。这段经历也影响到了小胡，她无法信任陌生人对孩子的照顾，连对孩子的幼儿园也是精挑细选。小胡表示："现在的幼儿园和保姆都太可怕了，你看看社会的新闻，虐待、性侵等负面的事情吓死我们这些做家长的了。表姐的事让我们全家人都后怕，幸运的是那位阿姨是抱着孩子乞讨并且被及时发现，也没有酿成难以弥补的悲剧。所以我真的对孩子的托幼选择都非常谨慎。我给我女儿选择的幼儿园是公立的，这家公立幼儿园口碑不错，也安装了监控连接到家长的手机。我就想着公立机构不敢对你的孩子不负责任，哪怕是远点儿、环境一般点儿，我也认了。"SY019

一部分人选择在家留一位老人或者是安装监控录像，以此来监督育婴师的照料行为。对育婴师照料的不信任，从一定程度上影响了年轻夫妇的二孩生育意愿与选择。

"我在家里装满了摄像头。你看，这是我家客厅，这是我家书房，画面很清晰。……你看，阿姨在哄宝宝睡觉。有了这个摄像头，就能监控家里阿姨

第5章　特定职业女性的生育意愿和生育行为的影响因素

(保姆)的举动。但是她要是想给孩子喂不好的东西，镜头有死角，你有的地方也看不清楚。但是现在摄像头可以连手机App，我能随时随地调出来看一看，自己会安心些。我跟我媳妇每天上班的时候经常看看监控，真不放心，我爸妈白天还会去帮帮忙带带孩子，事实上也是监督一下阿姨。我家的情况是缺个能让我们放心的照顾孩子的人，我俩也暂时先不能要二孩了。"SY010

"我家请了48个月的育儿师，我和我老公都得上班，没有人照顾她。但是这个育儿师我也不放心，我婆婆每天早上来我家帮忙，说是帮助育儿师照顾，其实是看着她点儿，就怕她对我闺女不好。现在市面上能雇到的阿姨，个人素质都参差不齐，基本也都没有什么文化。她们要是只是文化程度不够也罢了，偏偏还要仗着自己的工作经验对孩子的饮食起居瞎提意见，我闺女因食物初尝过敏了好几次，阿姨不以为然，说多吃几次就好了，我对她的说法表示怀疑态度。没遇到称心的可以完全将孩子托付的阿姨，总是让我每天都有些紧张，好在我婆婆能在家盯着点。这一个娃全家都出动累得不行，再来一个估计我家里人更吃不消了。"SY012

2. 亲子关系与养育观念差异的影响

历经了时代的变迁，传统的生养观念已经逐渐弱化，实施了30余年的独生子女政策导致了传统人口生育文化的历史断裂。[①] 长期的社会心理文化积淀影响了现代人对于亲子关系的理解和养育观念的认同，家庭收入的分化差异更是成了影响养育观念差异的主要因素。一部分人认为，生养是一个自然的过程，不必过分投入和担忧，自身的经济承受范围内养育孩子的标准才是正常的。

"像我家孩子就不是贵族养法，就是很正常的工薪阶层的养法。我算了算，我儿子的固定开销，每个月要3 000块钱左右。主要花费的地方就是幼儿园，其次还有兴趣班，然后就是他的吃喝。除了生病去医院的开销比较大，其他都是非常正常的。但是上幼儿园的小孩，他差不多每个月或者每两个月就要生病，因为孩子间会互相传染。生病去医院也很贵的。所以平均下来，

[①] 李志, 兰庆庆. 二孩政策背景下生育压力与生育倾向的调查研究[J]. 科学决策, 2017(04): 18-37.

一个月 4 000～5 000 差不多。"SY019

"我和我老公都认为，儿孙自有儿孙福。我们不同意有些家长的做法，一定要坚持给孩子最好的。我们夫妻就是量力而为，根据自己的经济条件和能力，让孩子平安、健康、快乐地成长就好。"SY001

"关于孩子的成长，真的是不必过分担忧。像咱们小时候，没有早教、没有课外班，不也成长起来了吗。我有的时候是愿意给女儿买点衣服、绘本和玩具等，但是我自己兜里有多少钱我清楚，太奢侈的我绝对不会触碰，也没有必要。"SY017

一部分体制内女性坚持强调，养育孩子的过程要树立正确的价值观和消费观，要在各种选择中坚持自己的育儿原则和教育理念，相比较物质丰富且多元的母婴市场，她们更认同"适度"和"适合"教养方式。

"我们夫妻都是河北人，我们那边的人的观念就是多子多福。在我们老家那边，大家养孩子方式都差不多，肯定也有坚持过奢侈生活的。但是，我们周围朋友、亲戚养孩子是都是很平常心的，你看，这淘宝的衣服和玩具不是质量也非常好吗。在幼儿园和早教的选择，我负担不起最贵的。但是我坚持去一家一家考察，在我能承受的范围内为他选择。我的孩子，我不求他以后有多大的出息，快乐成长就好。"SY020

"小孩子的世界真的是既单纯又美好，千万别把家长的攀比心传递给他。我认为，现在对孩子的教育，家长真的都是在攀比。朋友圈里炫娃的，炫耀更多的是孩子的生活、物质和教育。代购和微商真的是坑苦了我们这些做父母的，他们推销的东西，我周围朋友和同事没有不买的。真的是很需要吗？其实就是看别人买了，你不买好像心里不舒服一样。所以呀，儿孙自有儿孙福才是真的，就让他们顺其自然地成长才是正确的。"SY025

另一部分人则认为，既然选择了生育，就要坚持给孩子"最好的物质生活""最好的教育机会"和"最好的生存环境"，呈现出了育儿消费中的奢侈化。还有一部分女性将除了工作以外的时间和生活基本都给予了孩子，体现出强化性育儿的特点。强化性育儿是由母亲所作出的一种自我牺牲的承诺，他们

第 5 章　特定职业女性的生育意愿和生育行为的影响因素

将大部分时间和精力都集中在处理孩子和周围环境的关系上。[①]

"我会让孩子享受最好的，不是有句话讲，'不要让你的孩子输在起跑线上'，我认为说得很对啊，所以我跟我老公在孩子身上一定要最大化投入，不能亏了他。"SY033

"我们宝宝从小上的早教、幼儿园到现在的学校都是数一数二的，也基本是咱们市最贵的。我还想以后送她到国际学校去读书，钱的问题对我们来说有点困难，但是不要紧，我们夫妇节省点再想想别的办法。毕竟应该让我们宝宝享受最好的生活和教育，我认为这很重要。"SY024

5.4.4　生育选择中的决策"两难"：与父辈之争

在我国"家"的范围涵盖非常之广，核心家庭之外的所有亲属联系都可称之为"家人"。既是家人，与之相关的事情都可以参与或是表达意见。在子女成婚组建新的家庭之后，父辈并不会将他们排在家庭成员之外，仍会参与子女生活的重大决策，但是子代在很多时候会有自己的想法并期待自己的观念可以占据主导。这体现了在社会转型中，亲子两代由于身处社会变迁的不同时间节点，所以他们的需要、认知、心态和意识都有所不同。越是年轻的一代，越是容易受到现代化的影响。这体现了亲子两代在现代性适应的速度上存在着倒置性差异。[②] 年轻夫妇与老一辈对在生育决策中的广泛矛盾，体现在生育观念的碰撞和产后生活中的摩擦两个方面。

李银河[③]认为，影响人类的生育行为最重要的因素是文化因素。文化观念的差异会让年轻一代在个体生育选择过程中受到影响。对生育观念的不同理解具体反映在对性别偏好的差异，而婆媳是观念差异主要的对立者，而与传统不同的是，这一次有的男性也加入这一竞争中来。

"我婆婆就是嘴炮式催生，她总认为男孩儿比女孩儿强，一直催着我俩生老二。可是你看看，我怎么要？她不帮我带孩子就算了，还总这样讲我女儿，我有时候真的愤怒，真的伤心。我们婆媳为此争吵不止一次，她甚至都当着我女儿面跟我吵。"SY013

[①] 切尔. 家庭生活的社会学[M]. 彭钢妮，译. 北京：中华书局，2005：134.
[②] 周晓虹. 冲突与认同：全球化背景下的代际关系[J]. 社会，2008(02)：20-38.
[③] 李银河，陈俊杰. 个人本位、家本位与生育观念[J]. 社会学研究，1993(02)：87-96.

生育意愿与生育行为的影响因素研究——对特定职业女性群体的分析

"对于婆家的重男轻女,我是真的很无力。我老公是独子,对于他们来说香火继承很重要。跟她(婆婆)解释得嘴皮都要磨破了,她还是坚持让我生老二,不过好在我老公跟我想法还是一样的,他会经常帮我去'理论'。"SY032

在我的访谈对象中,SY013是个情况比较特殊的受访者,她公婆的"重男轻女"思想很严重,由于第一胎是女孩儿,所以坚持让她生二胎。她老公平时跟她分开住,因为两人工作单位离得远,谁也不愿意做出让步和牺牲,所以她的婚姻和生育经历对于她来说是难以承受的痛苦。

"我家是山西的,我父母不想搬来这么远,所以孩子一般都是我自己带。我现在白天要上班,晚上把孩子从幼儿园接回来都是自己在照看。"SY013

在受访者的描述中,老一辈与青年夫妇的多数问题出现在照顾孩子的日常生活中。一方面,消费观念的不同增添了两代人的矛盾。老辈人成长在"勒紧裤腰带生活"的时代,在那时物产还很不丰富,勤俭节约是被大家公认的美德。但是,年轻一代生活在一个"促进需求,鼓励消费"的时代,两辈人在消费的理念上上演了拉锯式的博弈。

"我父母年龄比较大了,总认为我们给孩子准备的很多东西都是没用的、浪费的,他们还会说我们小时候根本没用到这些,成长得也很好。"SY008

"我跟我老公在我怀孕期间就根据我们买的书和上课内容给宝宝准备了很多必需用品、玩具、衣服等等,在宝宝出生后又不断持续地购入了一些。我妈跟我婆婆对这事很在意,经常批评我俩不知道勤俭节约,说孩子哪有那么娇贵,有时候会拦着不让买。"SY017

另一方面,婆婆在与儿媳产后的共同生活中双方互相"不适应",甚至会"闹矛盾"。

"矛盾的重点就是婆婆。在我坐月子期间,是婆婆负责照料。她一言不合就闹着回老家,甚至指着鼻子对我大骂。她知道我离家远、靠不了娘家,用带孩子来要挟我。在此期间,我老公被派遣去外地工作,只能周末回家两天。缺少了丈夫这个'润滑剂',婆媳关系更为紧张了。终于,在一次因为孩子穿衣多少的争吵后,婆婆卷着包袱回了老家。"SY024

"就是刚开始的时候是我父母或者我婆婆帮忙照顾孩子。在我婆婆来我家的期间,冲突也挺大的。因为两代人的观念特别不同,因为教育孩子的方式、

还有生活照料细节这些事吵过很多次架。摩擦肯定是会有的，大概得有两年的时间，我们才逐渐磨合得好一点。"SY019

5.4.5 女性在夫妻关系中的决策主动权

家庭内的权力关系，主要有两种解释性理论：一是资源理论，强调夫妻双方因为拥有不同的资源而拥有不同的权力。二是文化决定论，强调传统性别分工的影响。随着社会的发展，女性在劳动力市场中扮演着举足轻重的角色，女性经济地位的提升使其在夫妻间的决策中更有话语权。体制内女性群体因身处特殊的受雇单位中，稳定的收入和福利待遇使女性不会因性别差异出现薪金福利的不同。因此，体制内女性在家庭中的地位相对较高。尽管如此，体制内女性的生育意愿与实际生育行为仍受到了夫妻间亲密关系的影响。

第一，夫妻的情感关系会影响生育意愿和生育行为。例如，夫妻感情会因为新生命的加入，使生活矛盾骤然增多甚至激化。

"和我爱人刚结婚的时候，我俩大概有两年都没有要孩子，但我觉得挺好的，就是两个人挺自在的，周末两人出去逛逛街，然后看个电影在家说说话啥的，两人还觉得挺好，没有太多的问题，但是孩子出生之后问题就特别多……后来我和我老公意外有过二胎，但是我俩还是选择放弃了，冲突矛盾太多了，不想重蹈覆辙。"SY019

"我老公只有周末时才会来看孩子，我俩单位离得远，所以分开住。……家里基本都是我照顾，他只看手机。……我绝对不会要二胎了，我老公不靠谱。我脑子又不是"进水"了，不可能再生了，绝对不可能。"SY013

第二，有的夫妻，认为婚姻与恋爱的差异过大，在婚后表示难以适应夫妻关系式的生活。为此，他们选择生育孩子来填补情感的空缺，以此维系亲密关系。

"我说这话有点儿对不起我老公，但是真的，结了婚我俩就开始后悔了。具体原因呢，就是觉得与谈恋爱的时候不一样。一开始，我老公不同意要孩子，他说养我一个都很困难，更别提养孩子了。但是结婚三年来，我俩经常发生争吵，都是因为一些小事儿，没有人喜欢让步。有时候吵得他都不愿意回家，宁愿在单位睡觉。后来我俩就商量要个孩子，想着生活的重心变了，可能矛盾就减少了。再者说，我不愿意我俩就这么吵散了。"SY012

第三，夫妻双方的生育观念之间存在差异。部分受访者夫妻生育观念的互不认同体现在对子女性别的偏好中。

"我老公比较喜欢男孩，我第一胎生了女孩儿，他表示让我再生一个男孩。我觉得他简直太守旧落后了，这个时代男女都应该平等。"SY013

5.4.6 婚育经历的影响与判断

已有的婚育经历对女性的生育意愿和生育行为存在着影响，这也是无法具体从数据分析中得到的重要影响因素之一。在对体制内职业群体的访谈中，生育经历、夫妻关系、家庭生活和就医环境成了大家谈论的焦点，也是女性在选择是否继续生育的重要考量。

1. 已有生育经历

在受访者谈及生育第一个孩子的经历时，每个受访者的感受是截然不同的。选择生育二胎的女性都认为生育一个孩子的压力与生育两个孩子没有很大的差别，并且因为生育第一个宝宝之后，特别想给他（她）一个正常的生长环境，也赞同再生育会给他（她）的成长增添同伴，有助于孩子性格的健全。在面向记忆的生育实践中，部分女性因自然性的母职角色体验到了作为母亲的快乐，更意识到了应承担的生育责任。在生育第一胎的经历记忆中，体制内女性不仅能平衡因家务、育儿和工作产生的矛盾，更在家庭事务中拥有着较高的决策权。

"我就觉得俩孩子是个伴儿，想让他在一个幸福健全的家庭长大。我一直就是这么教育他的，说你将来有个弟弟或者妹妹，以后你俩一起上学，一起玩，一起吃东西，一起学习，就是很幸福。……老话讲，'一只羊也是赶两只羊也是放'，生两个孩子的压力跟生一个没有差别。在家里，我们在照顾孩子的问题上采取了排班的方法，工作日家人帮忙多一些，节假日我跟我老公就多陪伴孩子一些。我的第一个宝宝带给我们全家很大的快乐，他每一个感动你的瞬间都让我坚定了要老二的决心。好在是家人平时在其他事上比较尊重我的意见，所以当我提出要再生一个孩子时，家人也非常支持。"SY001

"孩子是我们这个家最大的快乐，生第二个宝宝虽然说不在我们的计划范围内，但是我真的非常乐意再要一个。虽然说在生老大的时候也遇到了很多困难，但是他带给我的幸福和意义都是别的无法比的。我觉得现在的时代也

第5章　特定职业女性的生育意愿和生育行为的影响因素

不同过去了,有什么需要都能在社会上找到解决办法。我跟我老公带孩子属于比较糙的那种,以简单为主,两个宝宝周末带去商场转一转、玩一玩,饿了就去饭店吃点东西,现在小朋友还有亲子餐厅或是辅食餐厅,方便得很。"SY025

然而,大部分人在被问及"是否考虑会生第二个孩子"的时候,是闻"生"色变。谈到具体原因,受访者分享的是生育经历和婚姻经历中感到困难的部分。

第一,生育一胎时部分女性比常人遭受到了更多的痛苦,身体和精神难以负担和承受妊娠及生产带来的风险,这也对生育二孩的意愿产生了重要的影响。医疗技术在生育实践中的介入,为女性带来了截然不同的身体体验,因为保胎、剖宫产以及孕期妊娠疾病的医治等医疗手段的临床应用,尽管增加了怀孕成功、生产顺利的几率,但同时因为身体在医院、家庭等场域的情境转换和互动中获得了被控制、被约束的体验,生育态的身体努力选择配合医疗技术中"健康"身体的内容。

"我老婆生我女儿时候遭了不少罪,在床上躺了大概两个月,就是不能动。她当时年龄偏大,属于高龄产妇,到现在都没找到病因。生完孩子以后,她和她同学在走廊里边唠嗑(聊天)边溜达,聊了大概有20分钟。当她回来以后上床一抬腿,就是一股子寸劲儿,突然就不能动了。每天只能躺着,这个状态保持了大概有两个多月。再者说,她是剖宫产,手术之后的恢复很痛苦。所以,一提生孩子,她更多的是恐惧,我也真的很心疼,这种情况我肯定不再要孩子了,不能拿我老婆的身体冒险。"SY003

"我生我儿子的时候真的有点吓人。当时眼底充满了血丝,疼啊,生了好久都没顺产出来。后来我们就剖腹生产的,这'顺转剖'漫长的过程让我在产房待了一天一夜,我当时觉得又漫长又难过。开刀以后,我皮肤特点就是伤口不爱愈合,手术刀口比别人恢复得慢多了,现在因为我没有做好术后护理,刀口增生了,像一只大毛毛虫,太丑了。……在我怀孕期间,我妊娠反应特别大,一直吐到7个月,每天感觉天旋地转的,到哪去包里都带着方便袋,就怕找不到卫生间,想吐没地方。当时我就下决心再也不要(孩子)了。生他的时候还那么遭罪,我肯定不能再要了。"SY028

"我从大学时候一直就有个毛病，咳嗽，老是提不起气，看了好多年都没好。西医查就说没啥问题，支气管毛病，开药回家吃了一点也没好转。喝中药喝了好几年，感觉也不是很见效。我跟我老公一直就没抱啥希望怀孕，因为我不是一直喝中药吗，后来意外怀孕之后，药就停掉了。当时是既有妊娠反应，我这咳喘的老毛病也没好，因为怀孕也不能吃药，孕晚期因为肚子大呼吸也受影响，我床头都放着便携小氧气瓶，时不时要吸一吸氧来缓解不适，每天真的是'求生不得、求死不能'的感觉，就想快点'卸货'（生产）。我现在都不敢看孕期时的照片，面色土黄，难看死了。"SY030

第二，心理和角色上的转变让女性在生育后短时间内感到难以适应。依照角色理论，女性在妻子和母亲的角色转换中，会产生诸多不适与摩擦。多数受访女性在被问到从单身到妻子再到母亲的角色转变过程中，有无哪些不适应，她们都表示产后初期是心情最低落的时候，部分人还表示自己的情绪接近抑郁。

"我从坐月子到孩子5个月这个期间，我也不知道自己是怎么了，看谁都不顺眼。……孩子一哭我头都要炸开了！每天我跟我妈都是慌乱的状态。家里桌子、地下、沙发全是乱乱的。我不会做家务，以前都是我老公做。后来他自己经营小生意，没有时间弄了。我心情特别不好，单位的岗位当时对我做出调整了，因为我休产假的原因，我很委屈。……我觉得我也不是个当妈的料，我还得学会照顾女儿，我做不好，我妈又要责怪我笨手笨脚。同时呢，我觉得我也很愧疚，我没有时间顾我爸妈，我还要学会跟公婆交流和沟通。而且，我老公在我生完孩子的初期，做得不好。只要孩子哭闹，他半夜肯定会把我叫起来，不是自己去看。还总因为孩子的问题和我吵架，感觉他跟孩子不亲。……我没有时间管老公了，他每天上货（进货）要起早，我不能照顾他的饮食起居，孩子都顾不过来。"SY017

孕期激素水平的飙升和产后激素水平断崖式下降令女性的身体承受了难以想象的痛苦，这种生理上的变化和日常生活方式的转变，普通女性都会感到难以适应，甚至有些人会产生压抑心理，变得极度情绪化。

"我媳妇当时生完孩子有些抑郁了，因为激素水平和心理变化吧。我觉得对我来说那段日子真是个挑战。她心里有落差，就是稍微有些不满意，马上

第 5 章　特定职业女性的生育意愿和生育行为的影响因素

就发脾气,跟我爆发。跟谈恋爱的时候真的是天差地别。……我不想让她不高兴,她不高兴全家都跟着不开心。第一个孩子的到来,我们还没做好准备,准备得不够,(情况)处理得也不好。反正我媳妇儿感觉落差特别大。"SY004

"每当我看到产后抑郁跳楼自杀的新闻,我都回忆起了曾经的日子,谁不是清丽可人的小美女,父母手中的掌上明珠,在生了孩子后,突然转移的家庭重心和陡然增加的家庭责任,足够让一个女人对生活绝望。如果说婚后的生活是经济压力的话,生了孩子后的生活是经济、心理上的双重压力。我抱怨结婚太早,生孩子太早。我的女同学们,要么正在享受参加工作手头有存款到处旅游的好日子,要么正在婚姻的市场上精挑细选,我没有经历这个过程,直接就进入了先是挺着大肚子后是带个拖油瓶的柴米油盐,日子就耗在日复一日地喂奶、换尿布,精打细算过日子的琐碎生活中。现在想来,当时的我应该是非常抑郁的,怎能不抑郁。首先是身材,一身赘肉,孕前98斤,生产当天150斤,出院时还有140斤,自己都嫌弃镜子里的自己。其次是经济压力,我的工资几乎都还了每月的房贷,靠老公的工资负担全家包括老人的生活费。"SY024

"生完孩子哪有不抑郁的,女人的产后几乎都是非常失落的。说抑郁可能不严谨了、夸张了,但是心情不好是真的。因为这个生理上的变化和激素水平,女人的这个时期的心情不可能平稳。我生完第一个宝宝之后,特别不想讲话,跟谁都不说话的那种,把我逼急了我就跟他们(家人)吵架,然后继续不讲话,持续了能有4个月。我老公当时都说我有点变态了。……我生老大时候就算是高龄产妇了,我公婆年龄大,不能帮忙带孩子,都是我妈在帮我。我妈中间(孩子两个月时)回过一次老家,我彻底都崩溃了。喂奶、换尿布、给宝宝洗澡,她闹人的时候哭个不停,这种琐碎就把我压垮了。现在回忆回忆,真的是很难受的一段岁月。"SY021

第三,在孩子的日常照料方面,母亲承担了主要的任务。因为产后的哺乳所需,孩子从出生起大部分情况是与母亲在一起,饮食起居也都经由母亲来安排。女性在育儿的过程中会感到"分身乏术",常常因缺少人手帮忙照料和自己的"手忙脚乱"而感到困难。

"我们家主要是我公婆帮忙照顾孩子。他俩觉得还是得帮帮我们,因为我

生育意愿与生育行为的影响因素研究——对特定职业女性群体的分析

俩都上班,所以我公婆基本上是全天候地伺候这俩孩子。自从我生了老大以后,他们就从农村搬过来了,和我们一起生活,也是为了照顾好这俩孩子。"SY001

"现在主要是老人帮我们带孩子。我岳父岳母在我家照顾,因为我家是外地的,再者我父母年龄比较大(不方便搬过来),我媳妇也愿意自己爸妈在身边帮忙,这样能缓解我们两个日常的照料的压力。白天的话,老人帮带一下,晚上回去自己带一下,这样相对来说压力还挺小的。"SY002

"孩子出生以后主要是我爱人带孩子,她暂时没有工作,所以就直接在家里照顾孩子了。因为只有我俩在长春,我们双方父母都在外地,所以让他们一方搬来同住或者来照看孩子的可能性不大。我俩也没想过找保姆,因为开销确实大,而且我爱人暂时没有工作,我俩得开源节流,再者她没事儿在家,主要负责照顾孩子的也应该是她。"SY006

"我家是我媳妇带孩子。在她生了宝宝以后,她就辞职了。辞职的原因呢,就是想全心全意照顾孩子。我们不同意老人来帮忙,毕竟两代人的观念差很大,他们的教育方式和理念都太落后了。"SY011

"我闺女现在两岁了,都是我和我妈共同照顾。我从休产假以后,工作岗位就被调整了。我也理解,岗位不能因为你一个人一直空缺。但是,到现在呢,给我重新安排的岗位真的很差,是一线车间,我不能接受,与我原来的差别太大。所以,我一直就在家陪孩子直到现在。……有的人说,看孩子一个人就够了,我不同意这个说法。我家孩子啊,俩人照顾日子都鸡飞狗跳的,一个看会累死。"SY017

第四,部分受访者谈及生育后回归工作单位时感受到了与领导在工作分配的协商方面的苦难,甚至也有人因休产假岗位变动后迟迟不能被重新分配。尽管体制内单位为女性提供了稳定的工作,但是生产岗位的特殊性使然,女性在休产假的时间段内,单位会立刻安排其他人顶上岗位以避免影响企业的正常运营。大部分女性回来上班后,不仅因休息时间过长不能迅速适应工作的节奏,更因为岗位的变动需要重新投入精力学习新岗位的工作内容。

"我现在有孩子了,我就想能否早点下班或者是不加班。这样对我来说回家可以早点帮老人照顾宝宝。但是我领导就认为,既然产假休满了,回到工

第5章　特定职业女性的生育意愿和生育行为的影响因素

作岗位就要认真努力工作。实验室的工作强度并不如企划和市场部门那么大，但是我刚开始回来上班的时候也觉得有点懵，总会搞错数据。领导对我的状态有点意见，认为生孩子后我的工作状态变差了，特别是这些年我连续生了两个孩子，感觉他也很不爽吧。"SY024

生育暂时影响了小于的工作机会和职业发展，多次无果的沟通让上下级关系也慢慢僵化了起来。"生了孩子以后，我的岗位就被别人取代了。这事儿，我不能怪领导。毕竟，你休假，岗位不会为你一直保留着。但是，我生气委屈的点在于，我休假至今，为我重新安排的岗位是一线车间。我生孩子之前是管理办公室，这天差地别的待遇，我绝对不认同。我找领导沟通过好多次都没有结果，他就告诉我现在单位没有岗位空缺，只有车间有空缺，要是不想去车间就要一直等待机会。我每个月现在领的是最低工资，因为我不干活就没有岗位，没有岗位就没有钱发。现实让我太无奈了。"SY017

第五，就医环境的紧张让女性在怀孕产检和带小孩看病的问题上感到比较痛苦。公立医院资源的稀缺和分布不均让大部分人在选择就医时对三甲医院的资源比较信任，而普通综合医院或是私立医院不易被大众群体所接纳。这就造成了就医环境的拥挤，孕妇在产检过程中经常需要排很久的队做检查，孕产专家的门诊更是一号难求。

"我现在怀着老二，除了妊娠反应，让我最痛苦的就是去医院产检。我今天上午去了产院，公立医院的基础设施我们不能挑剔，但是就医环境真的太差了，人满为患。我孕吐还很严重，从排队挂号到问诊检查足足用了3个小时。家里人坚持要挂专家号来给我做检查，我这也算是高龄产妇了，不挂个专家号不放心。每次都是家里好几个人陪我来医院，每个人排不同的队，就为了能让我快些做上检查，少遭罪。都说国家鼓励你生孩子，谁生谁知道，孕妇产检那是大问题。解决我们这一块儿的顾虑，很多女性都会选择生的（二胎）。"SY023

"我媳妇生孩子，我们是找的熟人。产院没有熟人你想建档那真是太难了。且不说环境有多差吧，你也没得选。就这么几家有名的医院，私立的医院环境是不错，可是没有应对突发情况的能力啊。真有疑难杂症和危险情况的出现还得转院抢救，我们可不能担这个风险。"SY002

父母对于孩子生病的就医更是会选择去三甲医院，一方面是当前的父母对普通医院和诊所的医疗水平不信任，另一方面，身边的亲友在孩子生病时的经验或选择会影响孩子父母的判断。

"孩子看病是个大问题，小门诊我们不愿意去，就是去了也只能给你开点药，有的严重的还是会把你打发到大医院去。我们懒得来回折腾，每次都去最好的医院，像JD一院或者二院啥的。但是看病啊，我们家长每次都是心力交瘁。孩子生病你跟着上火，看病的人多你排不上队也很着急啊。幼儿园的孩子一个生病，全班都跟着倒霉，只要流感病毒一来，儿童门诊那是肯定要被踏破门槛的。周围朋友，还有幼儿园其他家长，没有不带孩子去重点医院看病的。小医院、小诊所没有优秀的医生，谁会放心去呢。耽误孩子的病情我要后悔死的。"SY003

第六，夫妻间的亲密关系也会深深影响女性的生育意愿和生育行为。平等与沟通是维持亲密关系的重要条件。相处融洽、深感幸福的婚姻会让女性在生育的过程中压力变小，也可以使女性迅速适应环境和角色的变化。

"爱人在我生宝宝的时候对我很细心也很耐心，处处都尽量满足我的需求，就算我情绪不好也不跟我一般计较。……其实他不是因为我生了孩子之后才变得这么体贴，我们结婚之后就一直对我关怀备至的。"SY009

"婚姻是很幸福的，起码我的婚姻很幸福。我们从结婚到现在感情很好，所以，为了让我们的家更完整，我俩决定生个孩子。电视上演的三口之家让人太羡慕了，我们也希望能获得那样的（有孩子之后）快乐。"SY031

然而，部分受访者也表露出婚后夫妻相处的摩擦很大，让女性在做生育决定是感到犹豫。也有的部分受访者表示在她们生完孩子以后生活的重心发生了改变，甚至与爱人缺乏沟通导致矛盾升级。

"我们经常吵架，从结婚后就开始了。这么多年两个人就这么吵吵闹闹的……也不是说矛盾有多深，但是我俩都属于脾气急的人。生活已经如此需要操心了，我觉得我目前还是不想生老二。"SY029

"我爱人属于比较'糙'的男人，钢铁直男。不会关心人，不操心家里事儿。好像家里都是我在操心，他不管的。我也很羡慕周围别人的丈夫能帮忙照顾照顾家里，一说这个他还跟我不高兴，说我没事找事儿……再生个二孩

第 5 章　特定职业女性的生育意愿和生育行为的影响因素

儿吗？我会累死的。"SY033

"我觉得我们夫妻沟通少了，我现在生完孩子一心都在宝宝身上，每天下班就是哄孩子，孩子睡着了以后我再收拾收拾，等一切都结束了也就该休息了。老公也总抱怨自己被忽略了，可是我哪有时间顾他呢。至于你说的二胎政策，我觉得我不理解。怎么去平衡？谁来照顾？都顾孩子了，我们的婚姻呢？"SY032

2. 未有生育经历

受访者中有三位没有生育过孩子，两个表示以后再生，一个表示不想生。综合与受访者的交流，我们发现，婚姻生活和家庭关系对生育意愿和生育行为影响较大。婚姻生活中感到满足的女性认为目前的生活状态"刚刚好"，不希望因孩子的到来打破平衡的二人世界。

"目前我和我老公的生活很平稳、很满足，我们希望再过几年再要孩子。"SY036

"我跟我老公平时工作忙，只有周末到来的时候才有时间去约个会，一起去过过安静的夫妻生活。现在的日子节奏比较快，但是我们还是调节得很不错……一旦有了孩子，我们空闲的时间就要忙孩子，实在是不敢想，估计会不适应吧。"SY037

其次，夫妻在生育方面达成了共识或是相互认同彼此的生育观念。如受访者 SY036 和 SY037 在访谈时表示跟丈夫一致认为不会马上要孩子，起码要等几年，家庭稳定之后再做打算。

"目前我们夫妻的观念是一致的，我们不想要孩子，以后也不打算要。"SY037

SY038 是受访者中明确表示不想要孩子的，她同时表示丈夫认为自己的观点有道理。

"生养孩子对我来说是经济和生活上的双重负担，再加上我不喜欢小孩。我老公不会觉得我很奇怪，相反他也认为我们二人的生活比较舒心，不需要生宝宝。"SY038

5.5 本章小结

生育意愿是人们生育决策及生育行为的重要体现,从意愿到行为的过程是生育选择的衡量与判断。研究生育意愿可以了解和把握生育行为的现状和发展趋势。将生育意愿到行为的序列决策过程放置在研究中,可以把握理想子女数和现实子女数的具体情况,从而分析具体层面的影响因素。

第一,从影响生育意愿与行为的因素来看,研究结果显示,个体与家庭背景特征的影响因素与生育意愿和生育行为强相关。生育意愿与受教育水平存在正相关,受教育年限越高,生育意愿越强烈。对生育意愿与行为产生显著影响的另一个影响因素是户口类型。虽然农村和城镇在生育政策上存在着差异,农村的生育政策相对宽松,加上农村的生养观念还是偏于多子多福和养儿防老。

第二,体制内女性的初育年龄对现实子女数有着显著影响。随着初育年龄的延后,生育子女数量就会逐渐减少。生育推迟会让女性错过最佳的育龄,不论从健康、心态和观念上都不会倾向于多生孩子。第一胎生育子女的性别对现实子女数的影响非常显著,证明对于性别的偏好仍然植根于人们的观念中。第一胎性别为女孩的家庭会倾向于生育第二胎。

第三,在生育动机层面,9个变量可归为经济支持、养老保障、家族延续和主观幸福的提升四个方面,从主观的角度反映了对子女的价值衡量和对生育的观念。通过模型的解释,我们发现,体制内女性群体的"为了延续家族香火"的观念可以显著影响生育意愿与实际生育行为。

第四,个体自主性和选择性在生育意愿和实际生育行为中凸显。女性在家庭生活和私人领域中扮演着积极的角色,在计划和选择生育时的意见也起到了决定性的作用。日常生活中的经历涵盖着方方面面,许多因素无法在量化模型中去验证解释。但是,通过个案访谈,可以发现在现实生活中诸多因素也在影响着女性甚至是整个家庭的生育决策。主观意愿的多元化和与家庭成员观念上的差异化是重要的因素,此外,体制内女性自身的婚育经历也是值得被关注的诉求。

第6章　生育意愿与生育行为的差异性研究

6.1　理想子女数和实际子女数的差异

有关生育意愿与生育行为的关系研究是社会科学界关注的焦点。当前有关生育意愿与生育行为的关系研究更多侧重于生育意愿对生育水平的影响，对生育意愿与生育行为的差异性研究相对较少。生育行为偏离于生育意愿的现象广泛存在于世界各地，也得到了各国学术界的研究关注。研究生育意愿与生育行为背离的前因后果，对于社会生育水平的未来走向的判断有着现实意义。在人口社会学的领域中，大量的实证研究证明，中国人平均的理想子女数是两个孩子，且在性别结构方面更加期待一儿一女的家庭子女结构模式。同发达国家的人口情况类似，中国的生育水平普遍低于生育意愿，反映了意愿与行为之间的背离实际。而生育意愿和行为之间的差异现象，则反映出家庭对孩子的需求和实际生育行为的偏离。贝克尔[1]提出，生育的"需求"是指当孩子的生产或防止孩子出生都毫无障碍时所期望的孩子数目。有些家庭因为部分或全部不能生育的情况，导致了对孩子的需求可能达不到满足；而另外一些家庭的孩子由于生育过多，孩子又超过了他们的需求。除了上述情况以外，在现实生育选择中，会存在多种因素影响意愿和行为的关系。杨菊华[2]总结了生育意愿与行为的三重背离：第一，生几个孩子最理想并不表示自己想要或者打算生几个孩子；第二，意欲生几个孩子也不表示自己一定选择生几

---

[1] 贝克尔.家庭论[M].王献生，王宇，译.北京：商务印书馆，2011：168.
[2] 顾宝昌，马小红，茅倬彦.二孩，你会生吗？生育意愿、生育行为和生育水平关系研究[M].北京：社会科学文献出版社，2014：47-49.

个孩子；第三，决定到实际生育过程之间也可能存在不一致。由此可见，这种偏离是多种因素综合作用的结果，为了解体制内女性生育意愿和生育行为之间的差异，本章将对不同的情况进行描述与分析，并对差异的影响因素进行解释。

6.1.1 理想子女数和现实子女数的分布情况

为了了解生育意愿与生育行为的关系和分布，根据本书中对生育意愿与生育行为的界定，将总样本中育龄女性的理想子女数和现实子女数作交叉分析。赋值方式以孩子数 0~10 个之间取值，结果如表 6-1。其中，理想子女数少于现实子女数的有 642 个样本，理想子女数等于现实子女数的有 5 131 个样本，理想子女数大于现实子女数的有 4 112 个样本。在本研究的总体样本中，生育意愿与生育行为之间的关系集中在"生育意愿大于生育行为"和"生育意愿等于生育行为"两个部分，"生育意愿小于生育行为"的情况分布非常少。

表 6-1 全样本理想子女数与现实子女数的分布

频数		现实子女数/个								合计
		0	1	2	3	4	5	6	7	
理想子女数/个	0	612	16	8	2	1	0	0	0	639
	1	399	1 335	149	45	5	1	0	0	1 934
	2	999	2 300	2 812	323	47	11	2	2	6 496
	3	55	59	171	307	16	5	3	1	617
	4	13	11	40	18	50	4	1	0	137
	5	5	4	10	4	5	11	0	0	39
	6	1	0	1	1	0	0	4	0	7
	7	0	0	2	1	2	0	2	0	7
	8	0	0	0	2	1	2	0	0	5
	9	0	0	0	0	0	0	1	0	1
	10	0	0	1	0	1	0	1	0	3
合计		2 084	3 725	3 194	703	128	34	14	3	9 885

注：Pearson 卡方统计量为 10 884.52，对应的 P 值为 0.000。

第6章 生育意愿与生育行为的差异性研究

表6-2是体制内育龄女性群体样本的理想子女数和现实子女数的列联分析结果。以孩子个数0~5之间的赋值方式,总体来看,理想子女数少于现实子女数的有10个样本,理想子女数等于现实子女数的有351个样本,理想子女数大于现实子女数的有605个样本。这表明,在体制内女性群体中,"生育意愿大于生育行为"的情况最多,其次是"生育意愿等于生育行为"情况分布,"生育意愿小于生育行为"的女性最少。其次,根据分布情况,体制内女性的"理想子女数"集中于生育0~2个孩子,约67%的体制内女性认为生育两个孩子最理想,这说明,在体制内女性中,生育二胎的意愿还是比较强的。从实际情况出发,体制内女性生育的孩子数集中于0~3个,其中,约57%的女性只有1个孩子,也是占比最多的情况,这也表示在体制内育龄女性中,比较明显的情况是理想子女数为2而现实子女数为1的差异。

表6-2 体制内理想子女数与现实子女数的分布情况

频数		现实子女数/个					合计
		0	1	2	3	4	
理想子女数/个	0	65	1	0	0	0	66
	1	57	171	4	1	0	233
	2	162	373	111	4	0	650
	3	3	6	3	3	0	15
	4	0	0	0	0	1	1
	5	0	1	0	0	0	1
合计		287	552	118	8	1	966

注:Pearson卡方统计量为1 237.08,对应的P值为0.000。

6.1.2 理想子女数和实际子女数差异类型分布

表6-3体现了总样本中不同差异类型的分布,根据对因变量的分类,将生育意愿和生育行为的差异分为"理想<现实""理想=现实"和"理想>现实"三类。在总体女性样本中,根据本书的理论框架,从性别偏好、婚育延迟、竞争因素和感觉控制四个维度将自变量进行分类,并与差异类型进行交叉分析。

表 6-3 总体差异类型分布

变量类别	频数（频率）		理想子女数与现实子女数差异类型			合计	Pearson 卡方统计量
			理想<现实	理想=现实	理想>现实		
性别偏好	一胎性别	女	322	1 515	593	2 430	116.56
			(13.25)	(62.35)	(24.40)	(100.00)	
		男	188	1544	983	2 715	
			(6.92)	(56.87)	(36.21)	(100.00)	
		合计	510	3 059	1 576	5 145	
			(9.91)	(59.46)	(30.63)	(100.00)	
	是否同意至少有1个儿子	非常不同意	85	866	1 389	2 340	937.96
			(3.63)	(37.01)	(59.36)	(100.00)	
		比较不同意	48	443	646	1 137	
			(4.22)	(38.96)	(56.82)	(100.00)	
		一般	111	2 092	840	3 043	
			(3.65)	(68.75)	(27.60)	(100.00)	
		比较同意	106	482	401	989	
			(10.72)	(48.74)	(40.55)	(100.00)	
		非常同意	292	1 244	840	2 376	
			(12.29)	(52.36)	(35.35)	(100.00)	
	合计		642	5 127	4 116	9 885	
			(6.49)	(51.87)	(41.64)	(100.00)	

第6章 生育意愿与生育行为的差异性研究

续表

变量类别	频数（频率）	理想子女数与现实子女数差异类型			合计	Pearson卡方统计量
		理想＜现实	理想＝现实	理想＞现实		
婚育延迟	初婚年龄 20岁以下	118 (15.84)	480 (64.43)	147 (19.73)	745 (100.00)	134.87
	初婚年龄 20～25岁	347 (8.80)	2 276 (57.75)	1 318 (33.44)	3 941 (100.00)	
	初婚年龄 25岁以上	20 (3.66)	274 (50.09)	253 (46.25)	547 (100.00)	
	合计	485 (9.27)	3 030 (57.90)	1 718 (32.83)	5 233 (100.00)	
	初育年龄 20岁以下	73 (20.56)	218 (61.41)	64 (18.03)	355 (100.00)	137.04
	初育年龄 20～25岁	366 (10.14)	2 217 (61.43)	1 026 (28.43)	3 609 (100.00)	
	初育年龄 25岁以上	71 (6.01)	624 (52.84)	486 (41.15)	1 181 (100.00)	
	合计	510 (9.91)	3 059 (59.46)	1 576 (30.63)	5 145 (100.00)	

续表

变量类别	频数(频率)		理想子女数与现实子女数差异类型			合计	Pearson卡方统计量
			理想<现实	理想=现实	理想>现实		
竞争因素	母亲受教育水平	文盲	204	937	266	1 407	790.40
			(14.50)	(66.60)	(18.91)	(100.00)	
		小学	173	912	391	1 476	
			(11.72)	(61.79)	(26.49)	(100.00)	
		初中	135	1 127	696	1 958	
			(6.89)	(57.56)	(35.55)	(100.00)	
		高中	19	284	443	746	
			(2.55)	(38.07)	(59.38)	(100.00)	
		大专	3	94	231	328	
			(0.91)	(28.66)	(70.43)	(100.00)	
		大学本科及以上	1	45	159	205	
			(0.49)	(21.95)	(77.56)	(100.00)	
	合计		535	3 399	2 186	6 120	
			(8.74)	(55.54)	(35.72)	(100.00)	
	家庭收入水平	低	283	2 037	1 305	3 625	154.16
			(7.81)	(56.19)	(36.00)	(100.00)	
		中	215	1 579	1 174	2 968	
			(7.24)	(53.20)	(39.56)	(100.00)	
		高	144	1 511	1 637	3 292	
			(4.37)	(45.90)	(49.73)	(100.00)	
	合计		642	5 127	4 116	9 885	
			(6.49)	(51.87)	(41.64)	(100.00)	

第6章 生育意愿与生育行为的差异性研究

续表

变量类别	频数（频率）		理想子女数与现实子女数差异类型			合计	Pearson卡方统计量
			理想＜现实	理想＝现实	理想＞现实		
感觉控制	母亲身体健康自评	非常健康	89	810	688	1 587	67.14
			(5.61)	(51.04)	(43.35)	(100.00)	
		比较健康	119	1 245	1 055	2 419	
			(4.92)	(51.47)	(43.61)	(100.00)	
		一般	215	1 714	1 619	3 548	
			(6.06)	(48.31)	(45.63)	(100.00)	
		比较不健康	110	795	469	1 374	
			(8.01)	(57.86)	(34.13)	(100.00)	
		非常不健康	109	563	285	957	
			(11.39)	(58.83)	(29.78)	(100.00)	
	合计		642	5 127	4 116	9 885	
			(6.49)	(51.87)	(41.64)	(100.00)	
	白天是否由父母照顾孩子	否	218	1 839	1 120	3 177	133.15
			(6.86)	(57.88)	(35.25)	(100.00)	
		是	204	1 485	975	2 664	
			(7.66)	(55.74)	(36.60)	(100.00)	
	合计		422	3 324	2 095	5 841	
			(7.22)	(56.91)	(35.87)	(100.00)	
	晚上是否由父母照顾孩子	否	162	1 314	637	2 113	
			(7.67)	(62.19)	(30.15)	(100.00)	
		是	260	2 010	1 458	3 728	
			(6.97)	(53.92)	(39.11)	(100.00)	
	合计		422	3 324	2 095	5 841	
			(7.22)	(56.91)	(35.87)	(100.00)	

续表

变量类别	频数(频率)		理想子女数与现实子女数差异类型			合计	Pearson卡方统计量
			理想<现实	理想=现实	理想>现实		
感觉控制	工作满意度	非常不满意	23 (13.77)	70 (41.92)	74 (44.31)	167 (100.00)	147.61
		比较不满意	57 (10.44)	283 (51.83)	206 (37.73)	546 (100.00)	
		一般	349 (5.84)	3 185 (53.34)	2 437 (40.81)	5 971 (100.00)	
		比较满意	151 (6.31)	1 140 (47.66)	1 101 (46.03)	2 392 (100.00)	
		非常满意	62 (7.66)	449 (55.50)	298 (36.84)	809 (100.00)	
	合计		642 (6.49)	5 127 (51.87)	4 116 (41.64)	9 885 (100.00)	
	婚姻满意度	非常不满意	26 (13.98)	96 (51.61)	64 (34.41)	186 (100.00)	3.17
		比较不满意	17 (14.17)	60 (50.00)	43 (35.83)	120 (100.00)	
		一般	128 (3.72)	1 952 (56.73)	1 361 (39.55)	3 441 (100.00)	
		比较满意	131 (7.07)	848 (45.76)	874 (47.17)	1 853 (100.00)	43.17
		非常满意	340 (7.93)	2 171 (50.67)	1 774 (41.40)	4 285 (100.00)	
	合计		642 (6.49)	5 127 (51.87)	4 116 (41.64)	9 885 (100.00)	

第一，性别偏好是研究生育意愿与生育行为差异的重要维度。研究通过一胎性别和女性对"是否必须有1个儿子"的主观态度来衡量对生育性别的偏

第6章 生育意愿与生育行为的差异性研究

好程度。在已生育第一胎孩子的 5 145 名女性中,男女性别比约为 1.12,其中,第一胎为女孩的女性比第一胎是男孩儿的女性,"理想"大于"现实"的少了 11.8%,说明这一部分女性有可能会因为偏爱男孩儿选择生育第二胎。在反映必须生儿子的主观认同中,44%的女性比较同意或是非常同意这个观念,反映对生儿子的偏好。而在偏好必须有儿子的女性中,绝大部分群体的差异情况是"理想=现实"或是"理想>现实"。

第二,在婚育延迟层面,研究通过初婚年龄和初育年龄与差异类型的交叉分布,反映婚龄和育龄的推迟产生的影响。在中国社会,普遍被大众接受的生育是在婚内发生的,所以绝大多数的情况下婚姻是生育的必要前提。在研究总样本中,75.3%的女性初婚年龄在 20~25 岁之间,约有 10.5%的女性选择在 25 岁以后第一次结婚,而初婚年龄在 20 岁以下的女性约占 14.2%。其中,初婚在 20 岁以下的女性,其理想子女数和现实子女数差异非常小,基本相等。在 25 岁以上选择初婚的女性中,意愿与行为的差异类型分布集中于"理想>现实"或是"理想=现实"两个类型中。而 20~25 期间选择初婚的女性,57.8%的妇女"理想子女数"与"现实子女数"相等,即生育意愿等于生育行为。在初育年龄方面,70.1%的女性选择在 20~25 岁期间生育第一个孩子,约 23%的女性选择在 25 岁以后生育第一个孩子。随着初育年龄的增大,"理想"大于"现实"的比例也在提高。因此,初婚年龄和初育年龄的推迟,会减少女性生育的机会,降低生育能力,从而影响生育孩子数和生育的质量。

第三,竞争性因素包含了受教育水平和家庭收入。其中,受教育水平在各类社会研究中都被当作一个重要的衡量指标,在生育研究中也不例外。杨菊华[1]的研究结论认为,受教育水平越低的妇女生育孩子可能越多的原因有 3 个:其一是家中长辈倾向于生育多子多福的观念,因此,妇女受到长者的影响比较深;其二是开始生育的时间比较早,生育期整体相对较长;其三,生育较早的群体是为了得到家中长辈经济上和非经济上的支持。在研究群体中,受教育程度在高中程度以上的约有 20.9%的女性。随着受教育程度的提高,

---

[1] 杨菊华. 意愿与行为的悖离:西方生育意愿与生育行为研究评述及对中国的启示[J]. 学海,2008(01):27-37.

理想子女数大于现实子女数先上升，在高中学历以上又开始下降。家庭收入水平按照低、中、高分组，随着家庭收入的提高，理想子女数大于现实子女数的比例也随之升高。

第四，感觉控制层面包含了女性健康自评、孩子照顾、工作满意度和婚姻满意度四个方面。健康自评反映了女性对自我健康程度的评价，其中，24%的育龄女性认为自身比较不健康或者非常不健康；41%的女性认为自己比较健康或者非常健康；39%女性认为自己健康状况一般。孩子是否有人照料是妇女考虑再生孩子的重要变量。其中，白天由父母照顾孩子的女性，比非由父母照料孩子的女性"理想"大于"现实"的可能性要小。晚上由父母照顾孩子的女性，与非照顾的女性相比，"理想"大于"现实"的可能性更大。工作满意度的提升对"理想"大于"现实"的可能性影响变化不明显。随着婚姻满意度的提升，"理想"大于"现实"的女性比例会更高。这是因为，追求工作升迁或是职业效益的女性，在获得工作满足感之后，其动力可能会相对下降，因此有时间和精力去执行生育行为。而婚姻满意度带来的是相反的结果，婚姻幸福感越强，对于生育行为越停留在理想层面，一是因为目前的婚姻生活比较满足，不需要通过生育来完善婚姻关系和家庭功能，另一个原因可能是因为害怕破坏婚姻生活的稳定度而谨慎选择生育。

6.2 生育意愿与生育行为差异的影响因素分析

根据研究的需要，在关于生育意愿与生育行为差异性及影响因素的解释部分，依照研究的理论分析框架，我们通过性别偏好、婚育推迟、竞争因素和感觉控制四个主要的方面来分析生育意愿和生育行为差异的影响因素。

6.2.1 总样本育龄女性估计结果

如表6-4所示，研究采用多元Logit模型来体现总样本育龄女性的估计结果，因模型整体为多元选择，而多元选择的本身是离散性质，所以，在这一部分，我们选择"理想子女数＝现实子女数"为基准组，判断其他两组的影响因素。估计结果显示，模型的总体拟合效果比较好，尽管模型2相较模型1的R^2有所下降，但是因为加入配偶变量之后样本整体减少了3 000多个，所以从整体拟合效果来看，拟合度仍有着比较不错的体现。从模型1到模型4

第6章 生育意愿与生育行为的差异性研究

的分析中，逐步增加了不同的控制变量，整体来看，"理想＜现实"组相较于"理想＞现实"组，显著性不强，这是因为"理想＜现实"组别的样本量过少导致的。模型1中加入了个体背景特征、健康自评以及对是否必须生一个儿子的主观态度。模型2在模型1的基础上纳入了配偶年龄和配偶的受教育程度变量，整体因有无配偶的差异减少了3 793个样本。模型3在模型2的基础上加入了初婚年龄、初育年龄、第一胎性别和孩子照管的变量，因变量的缺失，模型3的整体样本减少了3 078个。样本量的大量减少是因为CFPS家庭追踪数据是以问卷模块呈现的数据调查。在有关主观态度的问卷模块中，填写回答的人数大大减少，存在大量的缺失。在与每个育龄女性的ID匹配后可以发现，并不是所有育龄女性都回答了关于生育动机的主观态度题目，因此，为了进一步了解有关女性的生育动机和生育观念，研究将通过半结构式访谈来进行深入分析。设置模型4在模型3的基础上加入了工作满意度、婚姻满意度、对自己生活的满意度和对家庭生活的满意度作为控制变量，样本数量与模型3相同。

表6-4 总样本的多元Logit模型估计结果

变量	模型1 理想＜现实	模型1 理想＞现实	模型2 理想＜现实	模型2 理想＞现实	模型3 理想＜现实	模型3 理想＞现实	模型4 理想＜现实	模型4 理想＞现实
年龄	0.058 3*** (8.758)	−0.042 6*** (−12.866)	0.022 6 (1.483)	−0.025 9*** (−2.629)	0.046 2** (1.989)	−0.085 5*** (−5.017)	0.051 3** (2.187)	
婚姻状态	0.574** (2.564)	−0.279*** (−4.289)	0.094 9 (0.322)	−0.051 2 (−0.302)	−0.407 (−0.925)	−0.348 (−1.114)	−0.245 (−0.547)	−0.584* (−1.819)
民族	0.128 (1.270)	−0.032 2 (−0.625)	−0.120 (−0.909)	−0.295*** (−3.826)	−0.216 (−1.119)	−0.150 (−0.991)	−0.220 (−1.136)	−0.195 (−1.275)
户口类型	−0.299* (−1.935)	0.846*** (14.090)	−0.227 (−1.331)	0.836*** (10.534)	−0.125 (−0.499)	0.566*** (4.539)	−0.133 (−0.530)	0.557*** (4.438)
受教育年限	−0.036 9*** (−2.653)	0.067 1*** (9.418)	−0.015 1 (−0.933)	0.063 8*** (6.140)	0.009 31 (0.419)	0.065 0*** (3.942)	0.011 7 (0.525)	0.066 1*** (3.977)
家庭工资性总收入	0.004 05 (0.342)	0.004 20 (0.646)	0.014 5 (1.107)	0.007 22 (0.864)	0.029 7* (1.657)	0.031 1** (2.388)	0.027 8 (1.543)	0.032 4** (2.468)

续表

变量	模型1 理想<现实	模型1 理想>现实	模型2 理想<现实	模型2 理想>现实	模型3 理想<现实	模型3 理想>现实	模型4 理想<现实	模型4 理想>现实
家庭非工资性总收入	0.006 25 (0.623)	0.006 17 (1.211)	−0.001 65 (−0.150)	−0.003 34 (−0.496)	0.003 46 (0.227)	0.012 7 (1.203)	0.003 65 (0.239)	0.011 7 (1.111)
健康自评	0.039 0 (1.107)	0.020 0 (0.975)	0.049 5 (1.291)	0.060 7** (2.334)	0.018 8 (0.358)	0.056 5 (1.370)	−0.015 6 (−0.287)	0.089 5** (2.098)
是否同意必须有一个儿子	0.169*** (5.176)	−0.069 6*** (−4.182)	0.174*** (4.959)	−0.042 1** (−2.034)	0.235*** (4.877)	−0.020 8 (−0.641)	0.246*** (5.032)	−0.028 9 (−0.889)
是否有体制内工作	−1.083*** (−3.255)	0.160** (1.971)	−1.089*** (−2.922)	0.208* (1.926)	−1.007* (−1.903)	0.420** (2.545)	−0.984* (−1.860)	0.420** (2.508)
配偶年龄			0.026 9* (1.915)	0.007 02 (0.743)	0.007 15 (0.327)	0.028 0* (1.795)	0.002 29 (0.104)	0.032 7** (2.076)
配偶受教育年限			−0.034 5** (−2.175)	0.034 8*** (3.375)	−0.062 0*** (−2.769)	0.026 3 (1.590)	−0.062 8*** (−2.798)	0.024 1 (1.445)
初婚年龄					−0.072 0** (−2.050)	0.051 1** (2.042)	−0.077 9** (−2.204)	0.057 2** (2.275)
初育年龄					−0.019 0 (−0.646)	0.056 3*** (2.591)	−0.017 9 (−0.606)	0.055 3** (2.538)
第一胎性别					−0.548*** (−4.171)	0.573*** (6.175)	−0.545*** (−4.135)	0.584*** (6.261)
白天是否有父母照顾孩子					−0.045 3 (−0.287)	−0.154 (−1.427)	−0.044 6 (−0.279)	−0.154 (−1.419)
晚上是否有父母照顾孩子					0.177 (1.088)	0.092 4 (0.822)	0.183 (1.110)	0.082 9 (0.736)
工作满意度							−0.073 6 (−0.940)	0.007 26 (0.118)
婚姻满意度							−0.090 7 (−1.335)	0.186*** (3.202)
对自己的生活满意度							−0.202** (−2.101)	−0.133* (−1.722)
对自己家庭的生活满意度							0.128 (1.295)	0.188** (2.379)

续表

变量	模型1 理想<现实	模型1 理想>现实	模型2 理想<现实	模型2 理想>现实	模型3 理想<现实	模型3 理想>现实	模型4 理想<现实	模型4 理想>现实
常数项	−5.422*** (−13.936)	0.731*** (4.422)	−4.347*** (−8.583)	−0.659** (−2.258)	−1.857** (−2.119)	−2.559*** (−4.328)	−0.971 (−1.012)	−3.408*** (−5.202)
样本量	9 885		6 092		3 014		3 014	
拟 R^2	0.108		0.080 8		0.117		0.123	
Chi2 统计量	1 892.3		890.2		615.7		651.0	
P 值	0.000		0.000		0.000		0.000	

注：(1)括号内表示各估计系数对应的 t 值。

(2)*、**和***分别表示在10%、5%和1%的统计水平上显著。

(3)基准组为"理想＝现实"。

1. 个体背景特征

在育龄女性个体背景的一系列变量中，包含了年龄、婚姻状况、民族、户口类型、配偶年龄、配偶受教育年限和是否在体制内工作等变量。其中，除了民族变量，其余变量的影响相对比较显著。年龄作为控制变量，对"理想<现实"呈显著的正向影响，同时对"理想>现实"呈显著的负向影响。总体来看，年龄越大，实际子女数高于意愿子女的可能性越大。婚姻状况的结果显示，与非婚者相比，处于婚姻状态的女性实际子女数大于理想子女数的概率更大，即非婚者比在婚者"现实"大于"理想"的可能性更小。但是，在模型2～4中，随着控制变量的逐步加入，样本量也大大减少，婚姻状况的影响在模型2～4中体现不显著，稳健性比较差。户口类型对"理想"大于"现实"组影响非常显著，根据赋值情况，农业户口的群体比非农业户口的群体"现实"大于"理想"的可能性更大。配偶的年龄和受教育年限两个变量是在模型2纳入的，因样本的大大减少，稳健性表现得稍差一些。但是，配偶的年龄在"理想>现实"组中体现了相对比较显著的正向影响。配偶的受教育年限在"理想<现实"组中影响更为显著和稳健。

2. 性别偏好

根据Bonggarts的理论，对于孩子的性别偏好是影响生育意愿和生育行为背离的重要因素。在本研究中，通过女性第一胎孩子的性别和对"是否必须有一个儿子"的主观态度两个变量来衡量对性别的偏好。有所差别的是，这两个变量的样本量存在很大差别，主观观念比第一胎性别的样本多出约一倍的量，这可能是因为未生育的女性比较多。但是，整体结果来看，二者的影响都非常显著。越肯定必须有一个儿子观点的女性群体，"理想"大于"现实"的比例越少。第一胎性别中，根据赋值情况，"1＝男孩""0＝女孩"。通过估计结果，我们可以发现，第一胎性别变量对于"理想＜现实"组是负向影响，对于"理想＞现实"组为正向影响。这表示与生男孩的女性相比，生女孩的女性"意愿"大于"行为"的比例更低。总体来看，对于生男孩的性别偏好显著影响了生育意愿和生育行为的差异性。性别偏好是导致生育行为大于生育意愿的主要因素。[①] 根据其他学者的研究结论，可以得出为了满足理想子女性别结构，很多家庭会选择多生多育的途径来继续生育。[②] 因此，存在性别偏好的女性群体现实子女数高于理想子女数的可能性会增高。

3. 婚育推迟

根据 Bonggarts[③] 的研究理论，生育推迟是影响生育意愿高于实际生育水平的重要因素。在现今的中国社会中，女性的初婚年龄和初育年龄都出现了不同程度的延后。根据前面的分布情况，在总体女性样本中，初婚年龄和初育年龄变量的样本数基本相同，这说明非婚生育情况的比例比较少，因此本研究将初婚年龄和初育年龄同时作为背离的影响因素进行结果估计。在综合情况中，与基准组相比，初婚年龄与初育年龄对"理想＞现实"组呈非常显著的正向影响。而初婚年龄对于"理想＜现实"的负向影响非常显著，初育年龄的影响表现不明显。根据估计结果，我们可以发现，随着初婚年龄的增大，实际生育行为高于生育意愿的可能性在降低，理想大于现实的可能性在增大。初婚年龄的延后既反映了女性生育观的转变，也实质上缩短了女性的生育期，

[①] 陈卫，靳永爱. 中国妇女生育意愿与生育行为的差异及其影响因素[J]. 人口学刊，2011(02)：3-13.

[②] 杨菊华. 意愿与行为的悖离：发达国家生育意愿与生育行为研究述评及对中国的启示[J]. 学海，2008(01)：27-37.

[③] BONGAARTS J. Fertility and reproductive preferences in post-transitional societies [J]. Population and development review，2001，27(supp)：260-281.

第 6 章　生育意愿与生育行为的差异性研究

从而会导致实际生育水平的降低。[①] 从初育年龄的结果中,我们可以看出,初育年龄越大,"理想子女数"大于"现实子女数"的概率越高。育龄的推迟是多种原因导致的,由于绝大部分的生育行为发生于婚姻状态之内,随着初育年龄的增高,意味着妇女生育年限(reproductive years)的缩短,不论是生理健康还是生殖能力都会有所下降。反言之,在一部分群体中,人们不想生孩子或不想生育多个孩子导致了初育年龄的推迟,这也会影响社会整体的生育水平,导致其降低。

4. 竞争因素

在部分女性群体中,由于某些结构性和非结构性的因素与生育行为相互抗衡和竞争,导致她们不打算继续生育或是停止生育。这些竞争性因素包含了对受教育程度、职业与收入的追求,也包括渴望从生儿育女的繁重负担中脱离出来。[②] 研究将女性的家庭工资性总收入、家庭非工资性总收入和受教育年限作为竞争因素的控制变量纳入模型中。从结果的反映情况来看,家庭收入的两个变量的影响不显著。受教育年限的影响在 4 个模型中对于"理想>现实"组的作用显著,这说明受教育年限越高的女性,意愿大于行为的比例越高。在是否在体制内工作的变量结果中,工作性质的不同对于生育意愿和生育行为的差异有着显著影响,与非体制内女性群体相比较,体制内女性"意愿"大于"行为"的概率更高。

5. 感觉控制

在社会心理学对态度和行为的研究中,感觉控制(又称知觉行为控制)作为计划行为理论中对行为的重要影响变量,包含了个体对行为执行控制的感知程度。在生育选择中,感觉控制既反映了女性对于执行生育行为应具备的能力、资源和机会的感知,也包括女性对于自身这些能力、资源和机会的评估。[③] 依据上述内容,研究将女性的感觉控制分为健康自评、工作满意度、婚

[①] 陈卫,靳永爱. 中国妇女生育意愿与生育行为的差异及其影响因素[J]. 人口学刊,2011(02):3-13.

[②] 顾宝昌,马小红,茅倬彦. 二孩,你会生吗?生育意愿、生育行为和生育水平关系研究[M]. 北京:社会科学文献出版社,2014:51.

[③] 茅倬彦,罗昊. 符合二胎政策妇女的生育意愿和生育行为差异——基于计划行为理论的实证研究[J]. 人口研究,2013,37(01):84-93.

姻满意度、对自家生活的满意度、对自己生活的满意度和孩子照顾(即"白天是否由父母照顾"和"晚上是否由父母照顾")几个层面。在这些变量中，因为样本量相差很大，因而总体估计结果表现和稳健性都相对较弱。婚姻满意度和对自己家庭的生活满意度两个变量，在解释对"理想＞现实"组别的影响中正向作用相对显著。而与之相反的是，对自己生活的满意度同时对"理想"＞"现实"和"理想"＜"现实"两组产生了显著的负向影响。健康自评在模型1～3中都表现出不显著的影响，但是在模型4中对"理想＞现实"一组影响显著。

6.2.2 体制外女性群体估计结果

为了解体制外女性群体生育意愿与生育行为的差异，研究采用与总体样本相同的方法对相关的影响因素进行分析。如表6-5所示的多元Logit模型结果，整体分为4个模型依次加入控制变量。而随着控制变量的加入，样本量也相应减少，但是模型的总体拟合效果相对良好。样本量的大量减少是因为CFPS家庭追踪数据是以问卷模块呈现的数据调查。在有关主观态度的问卷模块中，填写回答的人数大大减少，存在大量的缺失。在与每个育龄女性的ID匹配后可以发现，并不是所有育龄女性都回答了关于生育动机的主观态度题目，因此，为了进一步了解有关女性的生育动机和生育观念，研究将通过个案研究和半结构式访谈来进行深入分析。其中，模型2比模型1的拟合优度有所下降，其原因可能是在模型2纳入了配偶信息变量之后样本量减少近一半导致。整体估计以生育意愿和生育行为的差异为被解释变量，通过分类的形式，将意愿与行为的差异分为"理想＜现实""理想＝现实"和"理想＞现实"三组，其中，"理想＝现实"为基准组。模型1～4中按照样本量的递减逐步纳入不同控制变量，包含了个体背景特征、性别偏好、竞争因素、婚育推迟和感觉控制五个层面。

第6章 生育意愿与生育行为的差异性研究

表6-5 体制外样本的多元Logit模型估计结果

变量	模型1 理想<现实	模型1 理想>现实	模型2 理想<现实	模型2 理想>现实	模型3 理想<现实	模型3 理想>现实	模型4 理想<现实	模型4 理想>现实
年龄	0.058 5*** (8.703)	-0.044 1*** (-12.675)	0.026 2 (1.697)	-0.025 3** (-2.470)	0.045 5* (1.950)	-0.083 4*** (-4.668)	0.050 7** (2.151)	-0.091 3*** (-5.051)
婚姻状况	0.598*** (2.617)	-0.285*** (-4.132)	0.122 (0.399)	-0.169 (-0.950)	-0.462 (-1.043)	-0.431 (-1.274)	-0.312 (-0.692)	-0.697** (-2.007)
民族	0.116 (1.134)	-0.056 9 (-1.043)	-0.127 (-0.960)	-0.302*** (-3.741)	-0.188 (-0.966)	-0.128 (-0.805)	-0.194 (-0.992)	-0.175 (-1.094)
户口类型	-0.356** (-2.225)	0.826*** (12.850)	-0.268 (-1.515)	0.847*** (10.064)	-0.087 3 (-0.345)	0.603*** (4.565)	-0.098 1 (-0.388)	0.594*** (4.462)
受教育年限	-0.030 6** (-2.176)	0.066 5*** (8.786)	-0.010 7 (-0.657)	0.061 7*** (5.609)	0.014 3 (0.635)	0.063 9*** (3.621)	0.016 4 (0.727)	0.064 9*** (3.652)
家庭工资性总收入	0.002 38 (0.200)	0.000 890 (0.134)	0.012 5 (0.949)	0.003 65 (0.429)	0.029 3 (1.632)	0.031 9** (2.400)	0.027 5 (1.522)	0.034 1** (2.543)
家庭非工资性总收入	0.005 06 (0.498)	0.005 25 (0.964)	-0.003 08 (-0.277)	-0.003 96 (-0.549)	0.005 17 (0.336)	0.019 9* (1.753)	0.005 71 (0.370)	0.019 9* (1.740)
健康自评	0.038 7 (1.091)	0.024 0 (1.121)	0.046 3 (1.197)	0.059 1** (2.185)	0.018 9 (0.358)	0.053 9 (1.251)	-0.017 6 (-0.321)	0.087 2* (1.954)
是否同意必须有一个儿子	0.178*** (5.377)	-0.058 9*** (-3.374)	0.178*** (5.016)	-0.036 5* (-1.682)	0.237*** (4.876)	-0.018 6 (-0.547)	0.248*** (5.037)	-0.027 6 (-0.809)
配偶年龄			0.024 1* (1.694)	0.006 10 (0.620)	0.008 99 (0.410)	0.025 6 (1.557)	0.003 94 (0.178)	0.030 0* (1.806)
配偶受教育年限			-0.034 7** (-2.166)	0.034 7*** (3.203)	-0.065 8*** (-2.918)	0.020 7 (1.179)	-0.066 3*** (-2.930)	0.019 4 (1.096)
初婚年龄					-0.068 4* (-1.940)	0.050 4* (1.912)	-0.075 1** (-2.115)	0.056 6** (2.137)
初育年龄					-0.016 4 (-0.558)	0.060 4*** (2.654)	-0.015 0 (-0.507)	0.059 6*** (2.604)
第一胎性别					-0.524*** (-3.966)	0.560*** (5.715)	-0.521*** (-3.934)	0.574*** (5.817)
白天是否由父母照顾孩子					-0.052 2 (-0.328)	-0.106 (-0.923)	-0.049 2 (-0.306)	-0.101 (-0.880)

续表

变量	模型1 理想<现实	模型1 理想>现实	模型2 理想<现实	模型2 理想>现实	模型3 理想<现实	模型3 理想>现实	模型4 理想<现实	模型4 理想>现实
晚上是否由父母照顾孩子					0.193 (1.177)	0.099 4 (0.829)	0.197 (1.188)	0.086 1 (0.716)
工作满意度							−0.080 8 (−1.022)	0.026 8 (0.408)
婚姻满意度							−0.078 9 (−1.152)	0.219*** (3.543)
对自己的生活满意度							−0.205** (−2.122)	−0.199** (−2.502)
对自己家庭的生活满意度							0.113 (1.135)	0.212*** (2.578)
常数项	−5.487*** (−13.900)	0.802*** (4.616)	−4.392*** (−8.510)	−0.488 (−1.597)	−2.048** (−2.327)	−2.587*** (−4.170)	−1.091 (−1.132)	−3.458*** (−5.015)
样本量	8 919		5 550		2 770		2 770	
拟R^2	0.098 2		0.063 0		0.093 8		0.102	
Chi2统计量	1 557.2		632.1		448.6		486.2	
P值	0.000		0.000		0.000		0.000	

注：(1)括号内表示各估计系数对应的t值。

(2)*、**和***分别表示在10%、5%和1%的统计水平上显著。

(3)基准组为"理想＝现实"。

1. 个体背景特征

在个体特征中，体制外育龄女性的年龄影响非常显著。相对于"理想＝现实"群体，年龄对"理想<现实"为正向影响，对"理想>现实"为负向影响。这表示，年龄越大，"行为"大于"意愿"的可能性越大。婚姻状况和民族变量在整体结果中体现了较强的不稳健性，随着样本量的减少，显著性也不强。户口类型是影响生育意愿和生育行为差异的重要因素，在模型1～4中对"理想>现实"组别影响显著，说明拥有农业户口的妇女比非农业户口的妇女，理想子女数大于现实子女数的概率要小。

第6章　生育意愿与生育行为的差异性研究

2. 性别偏好

西方国家人们的生育意愿主要是数量问题，即意愿子女数；而在中国，却增加了一个维度，就是孩子的"质量"问题。[①] 性别是在一定程度上对于子女"质量"优劣的判断标准，因群体所在的地区和性别观念而存在差异。对于一部分人来说，生育行为会根据第一胎性别而改变。在覃民等[②]的研究结果中，全国110个县级单位展开的个体水平纵向追踪调查显示，在8 000余个已婚育龄女性中，将2006年时只生育一个孩子的育龄妇女的生育意愿与之后3年内的实际生育行为进行比较分析后，可以发现第一胎性别是女孩儿的已婚育龄女性在3年内选择继续生育孩子的比例比第一胎是男孩儿的妇女高出2.7倍。因此，性别维度是衡量理想子女数与现实子女数差异的重要维度。在体制外女性群体样本的分析中，加入第一胎性别变量和是否至少有一儿子的生育观念变量，结果显示，二者的影响非常显著。在主观态度"是否至少有一个儿子"的变量估计结果中，模型3和4因为加入其他控制变量导致的样本量的缺失，其对"理想＞现实"组别的影响显著性发生改变。我们可以发现，越认同必须生儿子观点的女性，"现实＞理想"的概率越高，这与前面的分布差异分析和上述学者的研究观点一致。而在第一胎性别变量的估计结果中，我们可以发现，第一胎是女孩儿的女性比第一胎是男孩儿的女性，"理想＞现实"的可能性低很多。

3. 婚育延迟

婚龄和育龄的延后是影响女性作出生育决策的重要因素，因为主观上推迟结婚和生育会导致妇女失去最佳的生育时机，随着女性的年龄变大，其生育能力和健康水平都会不断下降，所要承担的生育风险相对较高。Hewlett[③]曾倡议政府以及社会重点关注因为不断推迟婚育导致最终失去生育能力的妇女群体。本研究从模型3开始加入初婚年龄和初育年龄两个变量来衡量婚育

[①] 顾宝昌，马小红，茅倬彦. 二孩，你会生吗？生育意愿、生育行为和生育水平关系研究[M]. 北京：社会科学文献出版社，2014：48.

[②] 覃民，李伯华，齐嘉楠. 育龄妇女生育意愿对生育行为影响的纵向追踪研究[J]. 中国计划生育学杂志，2010，18(09)：519-521.

[③] HEWLETT S A. Creating a life：professional women and the Quest for children[M]. New York：Talk Miramax Books，2002：210.

推迟对意愿与行为背离的影响。初婚年龄对于意愿与行为之间背离的影响非常显著，随着初婚年龄的延后，"理想"大于"现实"的可能性增大。初育年龄也同样显著作用于生育意愿和生育行为的差异，从估计结果来看，初育年龄越大，"意愿"大于"行为"的比例就越高。

4. 竞争因素

受教育年限和家庭收入是反映女性竞争性因素的两个重要维度，在当代社会，随着女性受教育程度和参与劳动力市场的比重的提高，对于教育、职业和收入的追求会影响女性的生育决定。在体制外育龄女性的群体中，受教育年限变量的影响非常显著。女性的受教育年限越高，"理想"大于"现实"的可能性越高，这可能是因为女性受教育时间的延长实质上缩短了高学历女性的最佳生育时机。而在家庭收入方面，本研究从家庭工资性收入和家庭非工资性收入两个层面做出分析。结果显示，上述两个变量只有在模型4中对"理想＞现实"组别产生了显著的正向影响，这实际上反映了变量的不稳健性。不过，从影响来看，家庭工资性收入和家庭非工资性收入越高，"意愿"大于"行为"的可能性越大，这也反映了相对收入较高的女性生育意愿偏低的现实，与前面的研究结果相符合。

5. 感觉控制

心理层面的研究往往从主观态度出发，对女性自己的生育能力、资源和机会进行自我评估和衡量。健康自评、孩子照顾、工作满意度、婚姻满意度、对自己生活的满意度和对自己家庭生活的满意度等都是对执行生育行为能力方面的判断标准。在体制外育龄女性的群体估计结果中，只有婚姻满意度、对自己生活的满意度和对自家生活的满意度体现了相对显著的影响。婚姻满意度越高，"理想"高于"现实"的比例越高，对自己家庭生活的满意度越强，"意愿"高于"现实"可能性越大。这实质上反映了人们对于婚姻质量和家庭幸福指数的关注，婚姻和家庭幸福的满足度越高，让女性对于继续生育的衡量就会更加谨慎。

6.2.3 体制内女性群体估计结果

体制内女性群体是本研究重点关注的对象，与前面两个群体研究方法一致，这一部分研究通过多元 Logit 模型对生育意愿和生育行为的差异进行估

第6章 生育意愿与生育行为的差异性研究

计。本部分建立4个回归模型将各类变量逐步纳入，如表6-6所示。根据结果可以看出，随着自变量的增加，模型优度也在不断增大，这说明模型整体的拟合度比较好。但是由于体制内育龄女性群体样本量只有966个，随着控制变量的加入，样本量也在不断减少，最后在模型4中只有244个样本，所以整体来看体制内女性群体的模型估计结果显著性不强。本研究所使用的样本量的大量减少是因为CFPS家庭追踪数据是以问卷模块呈现的数据调查。在有关主观态度的问卷模块中，填写回答的人数大大减少，存在大量的缺失。通过与每个育龄女性的ID匹配之后发现，并不是所有育龄女性都回答了关于生育动机的主观态度题目，因此，为了进一步了解有关女性的生育动机和生育观念，研究将通过个案半结构式访谈来进行深入分析，并针对体制内女性的特点进行群体间的差异比较。

表6-6 体制内样本的多元Logit模型估计结果

变量	模型1 理想<现实	模型1 理想>现实	模型2 理想<现实	模型2 理想>现实	模型3 理想<现实	模型3 理想>现实	模型4 理想<现实	模型4 理想>现实
年龄	0.017 9 (0.341)	−0.029 2*** (−2.646)	−0.215* (−1.682)	−0.025 6 (−0.715)	10.77 (0.001)	−0.095 0 (−1.566)	3.946 (0.003)	−0.103 (−1.625)
婚姻状况	−0.485 (−0.417)	−0.305 (−1.562)	−1.020 (−0.820)	0.733 (1.472)	−21.83 (−0.000)	−0.241 (−0.289)	47.86 (0.002)	−0.474 (−0.537)
民族	0.544 (0.619)	0.193 (1.202)	0.105 (0.092)	−0.272 (−1.030)	−108.3 (−0.002)	−0.205 (−0.354)	−54.43 (−0.007)	−0.458 (−0.742)
户口类型	1.090 (1.357)	0.853*** (4.975)	0.762 (0.782)	0.675*** (2.715)	7.007 (0.000)	0.361 (0.886)	6.561 (0.001)	0.377 (0.887)
受教育年限	−0.315*** (−3.106)	0.072 1*** (3.305)	−0.237* (−1.930)	0.082 8** (2.512)	−8.158 (−0.001)	0.063 9 (1.317)	−3.128 (−0.004)	0.060 1 (1.170)
家庭工资性总收入	0.164 (0.575)	0.084 5** (2.526)	0.259 (0.541)	0.156*** (2.816)	47.32 (0.002)	0.135 (1.471)	10.02 (0.002)	0.134 (1.398)
家庭非工资性总收入	0.042 7 (0.609)	0.019 7 (1.331)	0.048 7 (0.613)	0.008 43 (0.429)	−1.999 (−0.001)	−0.040 2 (−1.299)	−1.106 (−0.002)	−0.042 2 (−1.314)
健康自评	0.019 5 (0.065)	−0.022 1 (−0.306)	0.131 (0.367)	0.108 (1.123)	15.63 (0.001)	0.108 (0.695)	3.701 (0.001)	0.211 (1.228)
是否同意必须有一个儿子	−0.178 (−0.692)	−0.177*** (−3.178)	0.045 6 (0.158)	−0.106 (−1.477)	11.32 (0.001)	−0.052 1 (−0.461)	−1.836 (−0.001)	−0.103 (−0.883)

续表

变量	模型1 理想<现实	模型1 理想>现实	模型2 理想<现实	模型2 理想>现实	模型3 理想<现实	模型3 理想>现实	模型4 理想<现实	模型4 理想>现实
配偶年龄			0.199* (1.716)	0.007 21 (0.211)	−14.09 (−0.001)	0.028 6 (0.539)	−2.829 (−0.002)	0.035 3 (0.646)
配偶受教育年限			−0.004 05 (−0.030)	0.033 3 (0.969)	5.892 (0.000)	0.080 0 (1.496)	1.589 (0.001)	0.085 4 (1.532)
初婚年龄					−15.65 (−0.004)	0.076 2 (0.893)	−1.766 (−0.001)	0.073 5 (0.854)
初育年龄					−15.43 (−0.002)	−0.011 8 (−0.153)	−7.761 (−0.004)	−0.013 7 (−0.175)
第一胎性别					−41.33 (−0.000)	0.790*** (2.599)	−27.10 (−0.004)	0.733** (2.337)
白天是否由父母照顾孩子					34.55 (0.000)	−0.697** (−2.044)	34.27 (0.005)	−0.708** (−2.006)
晚上是否有父母照顾孩子					6.820 (0.000)	−0.040 6 (−0.115)	−23.49 (−0.002)	−0.160 (−0.424)
工作满意度							−1.834 (−0.000)	−0.212 (−1.048)
婚姻满意度							−17.85 (−0.005)	−0.096 7 (−0.459)
对自己的生活满意度							−18.09 (−0.002)	0.869*** (2.670)
对自己家庭的生活满意度							40.50 (0.009)	−0.238 (−0.755)
常数项	−3.359 (−0.860)	−0.283 (−0.453)	−4.141 (−0.706)	−2.943** (−2.663)	305.7 (0.000)	−1.941 (−0.831)	43.74 (0.001)	−2.662 (−1.068)
样本量	966		542		244		244	
拟R^2	0.100		0.112		0.240		0.271	
Chi2 统计量	137.1		89.19		88.19		99.48	
P 值	0.000		0.000		0.000		0.000	

注：(1)括号内表示各估计系数对应的t值。

(2)*、**和***分别表示在10%、5%和1%的统计水平上显著。

(3)基准组为"理想=现实"。

第 6 章　生育意愿与生育行为的差异性研究

第一，在个体背景特征中，年龄变量在模型1中体现显著，表现了随着年龄的增大，体制内女性"理想"大于"现实"的比例随之降低。在模型2中，年龄对"理想＜现实"组别产生了异于其他模型的负向影响，这可能是因为模型2的总体样本减少了接近一半，此外，在前章的相关分析矩阵结果中，女性的年龄和配偶的年龄高度相关，而在模型2中加入了配偶的年龄和受教育年限作为控制变量，因此可能出现了共线性的影响。户口类型的影响在模型2和模型3中非常显著，这表示了在体制内育龄女性群体中，非农业户口的妇女比农业户口的妇女，"理想"大于"现实"的比例要高。

第二，性别偏好是衡量生育意愿与生育行为背离的重要变量。在体制内女性的群体中，模型3和4加入第一胎性别变量作为控制变量后，估计结果非常显著。反映是否同意至少有一个儿子的主观态度中，仅仅在模型1中体现了显著的影响，体现了较差的稳健性，这可能是由于模型2~4中样本量过少的缘故。结果表示，体制内女性中，越认同必须有一个儿子观点的女性，"理想"大于"现实"的可能性越大，这是因为体制内女性受到计划生育政策的影响，在二胎政策开放以前一直被要求只能生育一个孩子，所以理想归于理想，现实生育情况却是受制于生育政策。

第三，在婚育延迟的影响中，模型将初婚年龄和初育年龄作为控制变量在模型3和4中加入。尽管因为样本量过少的原因，这两个变量的显著性表现不强，但是初婚年龄和初育年龄的延后，导致了女性生育机会的减少，因此，通过估计系数，我们可以得知初婚年龄和初育年龄越大的女性，"生育意愿"大于"生育行为"的可能性越高。

第四，受教育年限和家庭收入的角度反映了竞争因素对于生育意愿和生育行为差异的影响。在受教育年限变量的结果中，模型1和模型2体现了显著影响。随着受教育年限的增高，"理想"大于"现实"的可能性越大。家庭收入包含了家庭年工资性总收入和家庭年非工资性总收入。家庭年工资性总收入在模型1和模型2中对"理想＞现实"组产生了显著的正向影响。这表明，家庭的年工资收入越高，"理想"高于"现实"可能性越大。

第五，在反映影响行为的感觉控制层面，健康自评、孩子照顾、工作满意度、婚姻满意度、对自己生活的满意度和对自己家庭生活的满意度都是重要的衡量角度。根据模型的估计结果显示，只有反映对自己生活满意度的变量对"理想＞现实"组别产生了显著的正向影响。这说明对自己生活越满意的女性，"意愿"大于"行为"的可能性越高。

综上，在反映体制内女性的差异性影响因素的模型分析中，尽管整体模型的稳健性较差，年龄、家庭收入和性别偏好这三个变量仍然相对影响显著，这与以往的研究经验相符合。而其他因素对于体制内女性的生育意愿与行为的差异限制相对弱化，这体现了，在生育选择的过程中，让主观态度上意愿生育的女性产生差异行为的客观条件只有年龄、家庭收入和对子女性别的偏好。年龄是自然生理情况对社会整个妇女群体产生必然影响的条件。家庭收入让渴望继续生育的育龄女性望而却步，因为养育孩子的花费在当今社会占到一个家庭的大部分支出，而国家对于这部分补助支持如杯水车薪，这让家庭承担了非常大的压力。对子女的性别偏好因素是总体女性样本、体制外女性样本和体制内女性样本都在意的主观偏好，传统的生育性别观念仍存在于大多数育龄女性的心中。男性对于家族和姓氏的传承在传统生育制度中成了多生育子女、"开枝散叶"的动机，这样的主观偏好可能促使第一胎为女孩儿的体制内育龄妇女选择生育二孩，但是，由于数据限制，我们不能判断主观对子女的性别偏好是否受到了来自丈夫或是其他家庭成员的影响，有些妇女的主观态度在实际生活中会因家里其他成员的主观意愿而改变。

6.3 生育意愿与生育行为的差异：理想与现实的博弈

国家的若干次生育政策的调整，赋予了女性在生育数量上的选择空间，其对生育权利的"释放"更恰如一缕理想的阳光照进了现实的世界。然而，从生育政策实施的情况与效果来看，2017年全国生育状况调查的数据中，中国育龄女性的平均生育理想子女数为1.96。其中，在1990年之后出生的育龄女性队列，平均生育打算子女数为1.70，现有已育一胎的育龄女性的平均生育打算子女数为1.29。上述群体的生育打算子女数的低分布倾向一方面预示了

第6章 生育意愿与生育行为的差异性研究

我国的生育率可能会在未来存在进一步下降的趋势,[①] 另一方面同时说明了生育政策的开放并未从根本出发满足女性在生育过程中的实际需求。适育龄女性在面临生育决策时会面临各种压力带来的顾虑,也受到了社会文化的影响。在本章研究中,育龄妇女来自生育成本、日常照料和文化观念上的压力和差异深深影响着生育意愿与实际生育行为的差异。

6.3.1 生育理想高于生育现实

生育的决策过程是制度与文化共同作用的结果。当制度与文化规范一致时,制度对人们的影响力最大,组织绩效最好,这种绩效靠的是社会个体对制度的主观认同与接受。[②] 全面二孩政策的实施,改变了社会生育的制度,以自然发展的基础对社会人口进行调控。正如福柯提出的,政策对"社会人口身体"的监管和控制。[③] 当制度发生变化后,社会文化却仍迟滞不前。一方面,实行三十余年的独生子女政策将沿袭千年的传统生育文化割裂,人们逐渐认同了"少生、优生"的生育观念。另一方面,女性的生育意愿和实际生育行为仍然受限于生理性因素、经济因素、家庭因素以及社会因素等。体制内群体的生育情况中,大部分人的理想子女数高于实际生育数,存在理想高于现实的差异情况。

第一,接受访谈的体制内育龄女性,基本已经有过生育经历,接受访谈时基本年龄都接近了偏高龄产妇(30~40岁)的年龄范畴。生理性因素成了影响生育理想高于生育现实的首要因素,年龄相对较大的女性其身体健康程度和生理年龄偏高的情况使得女性承担了比其他育龄女性更高的生育风险。她们更担忧再次生育过程中自身面临的孕期不适以及孩子发育的健康风险。

"我今年年龄已经不小了,在医学上被称为高龄产妇吧。我周围有很多和我情况差不多的朋友,高龄女性孕育孩子真的和年轻时候不一样。首先,要孩子(备孕)的过程就要漫长困难得多。我有个朋友一直要不上宝宝,去产前生殖中心检查了很多次都没什么问题,后来过了很久才怀孕。另外,高龄的

[①] 庄亚儿,姜玉,李伯华.全面两孩政策背景下中国妇女生育意愿及其影响因素——基于2017年全国生育状况抽样调查[J].人口研究,2021,45(01):68-81.

[②] 彭玉生.当正式制度与非正式规范发生冲突:计划生育与宗族网络[J].社会,2009,29(01):37-65.

[③] 特纳.身体与社会[M].马海良,赵国新,译.沈阳:春风文艺出版社,2000:94-96.

生育意愿与生育行为的影响因素研究——对特定职业女性群体的分析

身体情况也不如年轻人。妊娠糖尿病和妊高征的得病概率很高,怀孕的时候医生都严格监管饮食。我家里也因为这些原因比较担忧我(生二孩),因为我也确实年龄不小了,我今年都37岁了(访谈时间为2018年)。虽然我跟我老公都喜欢小孩儿,但是现实情况实在不允许。"SY028

部分体制内女性曾经的生育经历中,因妊娠期身体遭受了妊娠极度不适以及妊娠综合病症的痛苦,医疗过程影响了生育身体的完整建构,形成了对再次妊娠的焦虑甚至"恐惧"心理。

"我都是快四十岁的人了,再生个孩子对于我来说有点困难,身体吃不消的。我生孩子的时候就比较遭罪,当时不仅妊娠反应特别严重,后期我甲状腺功能还出了问题,服用了一个阶段的优甲乐。医生给开药的时候,我特别害怕,就怕吃了这类药对孩子产生不好的影响。我这类甲功出问题的孕妇,产检频率也比别的孕妇高。几乎每两周就要去抽血一次,当时整个孕期就是家和医院两点间来回跑。你说,原来生一胎时候就这么折磨,我现在年龄这么大了生第二个岂不是更痛苦吗?况且高龄产妇要做好多检查和准备,你看那些明星们,四十几岁为了生孩子受了多少罪啊,我一想到这些就是再想要也不敢要了。"SY032

第二,家庭收入和养育成本成了继续生育二孩的重要制约因素。收入和支出这两个因素之所以要放在一起去分析,是因为在养育孩子的过程中,由于托幼、教育和孩子娱乐的市场化,现如今所有关于孩子的负担都由父母去承担。国企改革之后,原本所有企业的托幼、医疗和教育机构等向市场化成功转型,使得原先体制内群体对于企业组织的依靠程度大大减少,再加上个体化时代对于市面上多种形式的选择,养育子女的模式已经成功转向了对于"高质量"的追求。尽管有的学者表示,适用于西方人口生育问题的成本效用理论在理解中国人的生育行为上不具备充分的解释力[1],但随着经济的不断发展,城市内育儿的各项"产品"也越加丰富,成本也在消费的升级中不断上涨。体制内工作的群体,虽然不算城市中的高收入群体,但在孩子的养育方式选择上,都会尽自己最大的能力挑选高级的产品。"父母之爱子,则为之计深

---

[1] 李银河. 生育与村落文化[M]. 呼和浩特:内蒙古大学出版社,2009:46-56.

第6章 生育意愿与生育行为的差异性研究

远。"在收入和福利相对较好的体制内女性群体中,养育成本的高低与否成了制约生育意愿的关键。父母在子女的花费上,总是非常慷慨,别人家孩子有的自己家孩子一定要有,别人家孩子去什么学校受到什么教育,自己的孩子也一定不能落后。成本花费在本研究的访谈对象中,基本都占了收入的绝大部分。

"我闺女今年上初中,每天晚上8点下自习,我还要把她继续送到补习老师那里补数学,10点才回家。周末我更是要全天陪着去上课,要中考了,她成绩又一般,我每个科目都请了补习家教,希望她能考上重点高中吧,也算不辜负我的期待……我跟我老公都是客车厂职工,我俩一个月的工资其实按照城市水平是相对不错的,但是基本都给我闺女花在了补习上。你说不给她补课怎么办呢?她还是长身体的时候,还要补营养,复合维生素、鱼油等产品我们都给她服用,平时饮食上也要荤素搭配,非常营养。我俩(夫妻俩)紧巴点没啥,她能享受营养丰富的饮食就行。毕竟现在的孩子压力都太大了,别在这种高压的学习环境下,身体再出问题,那会影响孩子的发育的。"SY016

尽管体制内女性群体的固定性收入和基本福利待遇相较于其他职业女性存在着稳定优势,不会因为职业和社会其他因素的变动影响收入。然而也正是因为工作的固定与稳定,让体制内群体的孩子接受的养育方式和成长环境基本在相似的"水平"。从婴儿时期开始的抚养成本计算,使体制内女性在养育孩子的过程中学会了"同类比较""选择性价比"以及"计算成本",以期在负担范围内给予孩子较好的抚养和教育。但也正是这种比较和计算,增加了母亲的角色负担,也无形中形成了一种抚养压力,致使体制内女性即使在有意愿生育下一个孩子的时候,也会因抚养压力"望而却步"。

"我算了一笔账啊,我家宝宝上幼儿园和兴趣班的钱每个月就快要5 000块了,你说不给他弄吧,别人家孩子都有,我们也不能亏了他不是。从孩子出生开始,因为我奶水不够,就一直是混合喂养。我给他选了德国的爱他美白金版奶粉,我对比过奶粉的口碑和营养成分,这款是最好的。但是就是太难买了,国内的奶粉都是进口或者代购的,我经常一等就等好久,价格也不便宜。后来孩子的辅食、零食、水果我都给他选择最好的、进口的,母婴店都有多种进口产品的选择,进口产品的质量高于国产,品质和成分都更安

全,我也放心。"SY033

"我们没有说一定要给孩子选择最好的学校或者是吃穿最高级,可是现实就是这样啊,现在孩子的东西哪有不贵的。孩子的每一项都是不小的花销,从婴儿时期的洗漱产品和食品,到从1岁开始就要上的早教课,之后是幼儿园、淘气堡(娱乐乐园)、兴趣班,等等。除此之外,孩子因为成长得太快,衣服要经常买新的,他不同的阶段也有不同阶段需要的用品。我们也不知道有没有必要,但是既然市面上有这个机构,就证明孩子其实去了还是有用,不能输在起跑线上。"SY029

"我跟爱人在我怀孕期间就买了很多育儿的书,做了非常多的功课。像我们这样的年轻工薪阶层,不可能像条件较好的人家能请人帮忙,我们的收入还要负担养育孩子和日常开销。所以,我们在孩子的吃喝与教育方面,就会挑比较好的,穿和用方面就没那么讲究。……养孩子太耗费心血了,一个孩子已经消耗掉了我所有的精力,我真的不想再重新'感受'一遍了。"SY031

第三,"工作比较忙""没有时间陪伴孩子"是育龄妇女家庭影响生育行为低于生育意愿的另一重要因素。在受调研的体制内群体中,因所在部门和工作内容的差异,工作于一线车间、技术部门和市场部门的受访者大部分时间都忙于工作,加班和出差都是常态,这样的工作性质大大占用了家庭生活的空间与时间。许多体制内女性是希望继续生育二孩的,但是因为自己的工作或者是丈夫的工作非常繁忙,夫妻双方没有时间考虑再生一个宝宝,对于这样的家庭,也难以再抽空照料一个新生的孩子。

"我和我媳妇的工作都在市场部,一年出差的时间长达半年,真的没有时间好好照顾照顾家,我媳妇儿都戏称我俩是网恋。因为我们大部分时间都在视频,在一起的时间很少。有时候我媳妇批评我说,孩子是'丧偶式'家庭教育,我这个爸爸对孩子陪伴太少,对妻子陪伴太少,不能称得上是合格。现在基本上是我丈母娘帮我们看孩子,平时我们俩上班忙,白天都是孩子姥姥和孩子自己在家,姥姥既照顾孩子又帮我们做家务,非常辛苦。我们夫妻俩肯定不会选择再生孩子了,因为既没有时间再生一个孩子,也没有精力去照顾孩子。"SY015

"像我们这样的市场部职工都很忙,平时业务特别多。你看,我这接受你

第6章 生育意愿与生育行为的差异性研究

的访谈这个时间,都接了四五个电话了,实在是不好意思。我们每一年出差的次数很多,经常是奔波在外,我之所以在这个部门一直做没有申请调岗,就是因为收入相较于其他部门还是更高些的,离开这个岗位,我家里的收入会减少一部分。我家的孩子平时都是我老公和我婆婆在带,(孩子)爸爸在高校工作,他的休息时间更多一些,对孩子也照顾、陪伴更多。我这真的是分身乏术,工作忙得连家都顾不上,再要一个孩子的事情更是想都不敢想。"SY019

此外,"没有时间陪伴孩子"体现了作为父母的责任使命。一部分体制内群体的受访者认为,生育孩子的意义是要建立在父母亲角色的责任之上,如果不能给孩子足够陪伴的时间,不能提供更好的照料和教育,就不能生育或者继续生育。

"我的工作虽然是在工程部,但日常中我经常需要负责车间和工程部的对接工作。很多时候我都需要两头跑,加班更是常态。我们家对孩子的态度真的是很认真,我个人不太能接受生了孩子就丢给老人或是阿姨(这里指育婴师或保姆),我认为孩子就应该在父母的精心照料下成长。如果没有时间和精力去照顾孩子,那么再喜欢孩子,再喜欢大家庭,也不能要。"SY031

第四,是否有人帮忙带孩子是具有中国特点的影响因素。职业女性在产假结束后,需要回到工作岗位,谁来带孩子成了大多数家庭会面临的问题。很多家庭都是老人帮忙带孩子,隔代抚养是现今社会的普遍现象。市场上托幼机构资源有限,管理不成熟,很少有能让职业家庭放心的公共机构,因此,基本都是靠家里的双方老人来承担照顾幼子的重任,那些不能由老人照顾或者老人无力再多照顾一个的家庭,是难以选择生育二孩的。

"我家宝宝是由我母亲跟我姥姥帮忙照顾的,所以我生完孩子没操什么心,孩子交给我最亲的两个人我也放心。但是我们现在不考虑生二胎,因为我母亲和我姥姥没有精力照顾第二个了,她们现在每天就很累,不能让他们再累下去了。"SY034

"我们家老人年纪都大了,双方父母真的健康状况不太好,也不能帮我带孩子。我们俩压根儿就没想再要一个,要是单位像以前一样有托儿所,我上班能把她带来上托儿所,这样也许能再考虑考虑。"SY014

家庭成员之间的互相交流与影响传递了彼此的生育观念，也影响了体制内女性的生育意愿。然而，实际的抚育照料成了限制生育意愿实现的压力，社会托幼制度的缺失和"脱节"减少了"托儿所"类机构的存在，幼儿园龄前(0~3岁)的照拂成了许多体制内女性及其家庭的顾虑。据部分受访者回忆，在单位制时期，每个体制单位几乎都有自己的附属托儿所、学校和医院，当时的工作者并不会因孩子的照料和抚育"犯愁"，因为单位为体制内工作的群体分担了生活压力和育儿压力。但是，随着单位制的改革和社会经济的转型，现代育儿模式将抚育压力全部转移到了家庭自身，"是否有人帮忙照顾孩子"成了很多体制内女性及体制内家庭"想生""想多生"，但却"不敢生"的顾忌。

"虽然我母亲和家里人都觉得生两个或两个以上才是家庭应该有的样子，孩子多也是个伴儿。我其实也认同这个想法，但是现在的问题是生了之后谁来帮我管呢？我姥姥年龄大了，根本不能再帮忙照顾一个新生儿，她现在都需要人照顾。我舅舅又在外地，姥姥就靠我妈照顾，我再生个老二我妈妈要累坏了。"SY034

"我老家是锦州(辽宁锦州)下面的一个农村的，小时候回老家亲戚特别多。大家都感叹一代人比一代人少(家族)，家里人之前就说政策规定了不让生，家里孩子都少了。虽然家里孩子多挺好，小宝宝也讨人喜欢，可是照顾孩子可真是累人，我们家真没合适的人选帮我带。雇育婴师，就现在咱们市的价格，一个普通育婴师月休2(两天)要5 000元左右，对我们家庭来说负担太重。我跟我爱人都觉得没有条件再生一个孩子了。"SY014

6.3.2 生育理想等于生育现实

生育时代背景的转变使传统的生育文化不断分化，形成了多元的生育观念格局。在与受访者的交谈中，很多人对生育现状表示满意与认同，强调当前的生育行为符合生育意愿以及自身和家庭的生育预期。具体而言，第一，一部分人接受了独生子女政策影响下的生育文化，主观认定生育一个孩子符合自身的生育期望。

齐姐(SY016)和小于(SY017)在与作者的交流中表示，生一个已经满载了家庭的承载负荷。齐姐(SY016)的孩子已经上了初三，在她自己的描述中，孩子的养育和教育占满了夫妻俩的生活空间，"单独两孩"政策的时候也想过生，

第6章 生育意愿与生育行为的差异性研究

但是因为不符合政策，就不能违反规定。但随着孩子上了初中，她渐渐放弃了这个想法，她主观认定一个孩子就足够了，再有一个孩子她自己的生活空间就还要再压缩十几年，现在把孩子"盼"上了大学，她就"解放"了，能腾出时间和空间做自己喜欢的事。再者而言，家庭的各方面条件也不能支撑她再生育一个孩子。

"一个就够了，我可不再生了，我跟我爱人都是工薪阶层，现在老大马上初中毕业了，你知道开销有多大吗？再养一个我俩就得喝西北风去了。说实在的，我觉得自己很快就要熬出头了，等孩子上了大学离开家以后，我就有大把自己的时间干自己想做的事。如果再有一个孩子，这样的生活还要再来一次，我肯定是不愿意的。"SY016

小于（SY017）也是认同齐姐（SY016）的想法，作为80末的一代，她更享受生育前的"自在生活"，双职工夫妇的家庭再加上她在市场部门的工作性质，致使生育第一个孩子的时候让她承受了巨大的压力。"

我不愿意离开市场部门，你也知道，虽然我们辛苦繁忙，但是我们市场部的绩效和收入都是比其他部门要高出很多的。我在生完宝宝之后，就害怕被调离岗位，距离产假结束前1个月我就回去上班了。我跟爱人更享受夫妻间的生活空间，再要一个孩子一来我们没有精力，二来我们也想给夫妻关系提供时间和空间，所以我们俩决定不再继续生宝宝了。"SY017

也有部分受访者夫妻在婚前就决定只要一个孩子，他们带着彼此认同的生育观结合，没有因婚育经历或者观点不一致而协商、思考的过程。

"一个孩子对于我来说就够了。我跟那些喜欢男孩的人呢不一样，我就喜欢女孩。女孩是爸妈贴心的小棉袄，不仅乖巧可爱，还可以给她好好打扮穿漂亮衣服。本来我跟我爱人就想生一个孩子，我俩也商量好了不多要，一个孩子正好。结果孩子生出来就是个女孩，我可太开心了！所有的事情（生育情况）都如愿了，我们俩非常满足，这样就很好了，不再考虑再生了。"SY014

第二，在已生育两个孩子的体制内受访女性群体，其理想子女数与实际生育子女数是相同的，不存在明显的差异。这一方面是因为传统的生育文化仍对女性的生育偏好有着重要的影响。另一方面，生育政策的变化实质上也将生育文化做了更新，体制内女性在面对新的生育文化时能很快接纳，并回应政策做出生育选择。

"我是本来就想生两个孩子的,我觉得俩孩子是个伴。再一个,我爱人家里比较传统,公婆不但觉得要多生几个孩子才好,更是认为生男孩才是更好的生育情况。国家政策一放开,我们夫妻俩就抓紧再生了一个宝宝,二宝也是个男孩。生了老二满足了我们夫妻的愿望,也满足了我公婆的期盼。"SY001

一部分受访者受家庭成员的观点影响,主观上认为生两个孩子是理想的家庭结构。但在"两孩"政策实施之前,因为不符合生育政策的制度规定,期待生育两个孩子的家庭受政策的限制,即使想生也因会影响职业和收入而放弃生育决策。随着政策的放开,期待生育两个孩子的体制内群体可以继续生育,其生育意愿与生育行为的关系情况从"生育理想高于生育现实"转变为"生育理想等同于生育现实",生育观念也与当下的政策生育文化相吻合。

"我跟我老公结婚时就计划好了以后一定生两个孩子,这样显得我们家庭更完整。我们夫妇都是独生子女,从小生活在一个孩子的家里是比较孤单的。我们俩结婚后就要了第一个宝宝,孩子大了一些之后,正好赶上国家那个单独二孩政策出台,我们俩就计划着再要一个。其实也是国家政策宣传得让我心动了。现在二宝出生了,我们的四口之家特别热闹,大宝特别喜欢二宝,我们俩非常满意这样的生活。"SY022

第三,在受访者群体中有3位没有实际生育过的女性,其中,只有1人表示不想生以后也应该不会生孩子,夫妻两个人想做"丁克"①。"丁克"家庭现象是社会发展的产物,代表了一种比较前卫的家庭结构模式。"丁克"家庭的出现意味着部分现代家庭已经由以繁衍为中心的传统"亲子轴"逐渐转化为以二人世界为中心的"夫妻轴"。② 受访者小张与爱人选择婚后不要孩子,且彼此认同这样的生育期待。"丁克"生育观不仅消除了女性因生育过程的身体伤害损耗和生育后的身材、工作等变化带来的焦虑,也减少了男性"传宗接代"的压力、养育孩子的成本压力以及责任情感的羁绊。"丁克"家庭的选择反映了夫妻双方轻松、洒脱、舒适和自由的生活方式,也体现了更为自主、更有勇

---

① "丁克"是 DINK 的音译,代表了英文中"double income and no kids"的缩写含义,意指有双重收入且无子女的家庭。

② 田雪原,陈胜利. 生育文化研究[M]. 北京:中国财政经济出版社,2006:221.

第6章 生育意愿与生育行为的差异性研究

气以及相对叛逆的生活态度。

小张是个"90后",她与爱人在上学期间相识,毕业上班后第二年就携手迈进婚姻的殿堂。他们二人平时业余爱好特别广泛,俩人兴趣还非常契合一致。小张在市场部的工作非常忙,经常也需要出差。但是两个人只要一有时间就去爬山、滑雪,利用假期经常国内外的玩。小张和老公还酷爱音乐,有一群民谣乐的朋友,不但一起参加音乐节,夫妻二人还一有机会就去光阴酒吧驻唱。二人丰富的婚姻生活不仅让两个人的感情非常牢固,并且他们也不希望因为生宝宝而打乱现在的生活方式,更不能放弃自己的兴趣爱好。"我和我老公的想法一致,我俩决定不要宝宝了。一是我们的工作真的很忙,我们二人的假期和空闲真的是用来休息和玩的。二来呢,我俩也不是很喜欢小孩,现在我们有一群志同道合的朋友,如果有了孩子就要放弃现在的喜好,更要放弃与朋友在一起相聚的机会,所以我俩就决定不要宝宝了。这也没有什么好遗憾的,毕竟人与人的生活方式是不同的,现在的社会文化也都比较开明,就算一辈子不要孩子也不算什么大事。至于老了以后的事,老了再说呗,也不一定有孩子晚年就会多幸福,现在南方新型的养老模式特别现代化,不生孩子不会给我们带来养老难题的。"SY038

6.4 本章小结

在这一章节中,我们通过对理想子女数和现实子女数作差,以此来体现育龄女性的生育意愿和生育行为之间的差异。在总体分布情况中,整体育龄妇女的差异集中在"生育理想大于生育现实"和"生育理想等于生育现实"两个方面。这说明,育龄女性总体的生育情况差异性多停留在意愿多个子女但是没有实际生育的情况。在分析了具体原因后,根据模型估计,体制内女性的生育意愿和行为之间的差异与总体样本的结果相一致,年龄、家庭收入和对性别的偏好是最主要的影响因素。

通过与体制内女性的对话,在现实生育选择过程当中,养育成本、个人时间(工作忙与否)和是否有人帮忙照料等因素是女性在生育选择过程中非常重视的方面。这也反映了体制内女性对自己的生育行为具有计划性,如果上述现实情况存在,那么压力和阻碍会限制体制内女性群体生育第二个孩子。

此外，在体制内女性群体中，政策的实施为她们带来的触动和改变并不很大，因为她们在实际需求方面要求国家和工作单位提供更多的分担和帮助。所以，在现阶段全面二孩政策开放以后，应当关注体制内女性群体的生育诉求，并针对这一群体制定相应的配套设施或政策。

第7章 结论与展望

7.1 研究结论及相关讨论

中国社会的转型过程中,经济、社会和文化发生了巨大的改变。在此期间国家根据人口形势和社会需求所推行的一系列政策和制度,直接影响着生育观念的转变,推动了代际关系的变化。在不同的政策时期,体制内女性群体所追求孩子的数量与质量不同,生育动机也不一样。全面二孩政策的实施赋予了每个家庭多生育一个孩子的权利,也自上而下地定义了人口与社会、亲代与子代的新型文化价值取向。在这样的背景下,体制内女性的生育意愿与实际生育行为成了这一特定群体被关注的焦点。生育选择是个动态的过程,从生育动机到生育意愿再到实际生育行为的完成经历了多种因素交织的影响。本研究基于CFPS2014中国家庭追踪调查的研究数据,尝试从个体特征、家庭背景和个体主观感受三个层面解释影响体制内女性群体生育意愿、生育行为、生育意愿和生育行为之间的差异的相关影响因素。

7.1.1 体制内群体生育情况的独特性

中国的市场化改革过程中,逐渐扩大了非国有部门规模,保留了公有制,形成了体制内与体制外并存的二元劳动力市场结构[1]。体制内女性群体尽管经历了生育政策调整的不同时期,也由于组织的管理模式受到体制的庇护,获得了更多的国家保障政策,享受到了相对比较完善的福利制度。特别是女性

---

[1] 吴愈晓,王鹏,黄超. 家庭庇护、体制庇护与工作家庭冲突——中国城镇女性的就业状态与主观幸福感[J]. 社会学研究, 2015, 30(06): 122-144.

在生育和哺乳期间，体制内女性群体可以按照国家规定享有应有的补贴和假期，体制内的单位对女性的地位和权益也能提供更好的庇护。而有些非国有单位的雇主可能对女性生育和抚育成本进行规避，导致女性难以享受到完整的生育假期和哺乳假期。

然而，在实际生育行为和女性的生育意愿两个方面，体制内群体却"差强人意"。相比体制外女性，体制内女性群体的生育意愿更消极，实际平均生育数量更少。而二胎生育情况的方面，体制内家庭比非体制内家庭选择生育二孩的比例低12.9%。在生育决策的过程当中，经济成本是体制内女性群体更注重的因素。单位制时期，单位组织附属的托儿机构、学校、医院等机构设施加上单位提供的全面的福利，让女性及其家庭在生育方面节约了大部分的成本，被分担了大部分的责任。然而，单位改革和市场化的推进，让体制内女性及其家庭承担了全部的生育成本和照顾责任，上述缺失造成的落差让依靠固定收入的体制内群体更在意生孩子带来的经济成本。在生育观念方面，体制内女性的态度略显保守，个性化意识比体制外女性略显薄弱。这体现出了体制内女性群体适应文化滞后的特点。

在生育情况的独特性背后，一方面，体制内女性的生育意愿和生育观念仍受独生子女政策的文化理念影响。已有研究结果表明，生育意愿的变化经历了由"服从"到"同化"再到"内化"的过程。[①] 体制内女性在国家和单位共同监督和管理下，成功"内化"了独生子女政策的文化内涵，认同"一个孩子"对人口环境和国家社会的积极作用。然而，随着经济社会的快速发展，中国出生人口的形势严峻，长期低于更替水平。而国家应对实施的"全面二孩"生育政策与独生子女政策所代表的文化理念又截然不同，生育政策的放开对生育意愿的作用是同化与内化。现阶段属于两种生育文化观念的交叉时期，既不能使体制内女性迅速认同内化新的"二孩"文化，也不能令体制内女性完全"抛弃"原有的生育观。另一方面，体制内女性仍保留了一部分的集体意识，对国家有着越来越深的依赖性。现阶段国家和社会并未从"全面二孩"政策的角度给予足够的配套支持和文化宣传，这样就不能唤起体制内女性的集体责任意

---

① 风笑天，张青松. 二十年城乡居民生育意愿变迁研究[J]. 市场与人口分析，2002(05)：21-31.

第7章 结论与展望

识,也无法满足这一群体在生育问题上的现实需求。

7.1.2 体制内女性生育选择的个体自主性

依照序列决策机制,生育是一个"生育动机→生育意愿→生育行为"的动态选择过程。在此过程中,体制内女性凸显出个体的自主性和选择性。第一,现代性的到来让个体脱嵌于传统家庭,生育对于女性而言是非常私人化的行为。"何时生""生几个"全由个体自由、自主地安排。加之经济的发展和科技的进步,医疗技术增添了避孕、终止妊娠和人工受孕的方式,这让女性可以自主计划安排自己的生育行为。第二,女性个体的意愿和态度呈现出多元化的特点。在与受访者的交流中,对于"生几个孩子"的问题,有人表示根本不在意第二胎是男孩还是女孩,他们不过是想多要几个孩子。也有人表示不管政策是不是有改变,他们认为"一个孩子就很好",本来就没打算多生。还有人表示自己根本就不考虑要孩子,因为不喜欢。而有的受访者则表示,她自己本身的态度可能是无所谓,也可能是不想生,但是,家人、亲属与其他社会关系网络对她自身的影响更多,她选择听从周围多数的"声音"。第三,体制内女性群体对于国家和单位能提供的福利政策和配套设施十分在意。这体现了家庭是一方面要求个人化,另一方面又要最大限度地"社会化"。[1] 生孩子这件事本身是发生在私人领域中,但是,国家的生育制度、生育政策和社会福利等方面都从不同层面上为女性及其家庭承担着生育的"成本"与责任,这让个体在生育行为上对国家有着深深的依赖。

7.1.3 多维度交织的影响因素

体制内女性群体的生育意愿与生育行为受到了多层面因素的交织合理的作用。综合来看,影响因素集中在个体背景、家庭维度和个人主观态度三个层面。

1. 个体背景

在生育政策比较宽松的环境下,生育意愿到生育行为实现的过程受到了多种因素的影响。教育程度、户籍和初婚年龄都显著影响育龄女性的生育行为。教育程度越高,户口类型为非农业户口以及初婚年龄越高的居民,其生育数

---

[1] 桑格利. 当代家庭社会学[M]. 天津:天津人民出版社,2012:5.

量越低。分析结果证明,生育孩子年龄的推后、非自愿不孕不育和竞争性因素,这些促使发达国家生育意愿高于生育行为的因素也同样在中国起作用,同时,在政策允许的条件下,男性偏好更易促成生育意愿和行为一致。体制内女性在面临生育选择时,会更加关注自己和家庭的生活质量,谨慎衡量自己是否拥有生育和养育第二个孩子的能力,除非她们有明确的生育计划否则终究是理想。

2. 家庭维度

费孝通[①]认为,在乡土社会的中国,家既是个绵延性的事业社群,它的主轴是在父子之间,在婆媳之间,是纵的,不是横的。夫妇成了配轴。配轴虽和主轴一样不是临时性的,但是这两轴却都深受事业与普通感情的矛盾的困扰。而现代社会的变革过程中,感情逐渐占据事业在家庭中的地位,因而,夫妻主轴的重要性在上升。但这并不意味着夫妻主轴替代了亲子主轴,目前,中国家庭中夫妻主轴和亲子主轴都非常重要,并且会根据个体多元的背景、经历和实际生活情况来平衡或是取舍。[②]

首先,代际间的观念和习惯上的差异深深影响了生育意愿与生育行为。当前社会体制内育龄女性群体集中于"80后"一代,意味着一代独生子女成长为了承担生育角色的主体。在对独生子女的观察研究发现,独生子女与父母之间存在着非常强大的亲密关系,互相依赖的程度不亚于夫妻情感。父母对于独生子女的奉献是无条件的、竭尽所能的,而已婚的独生子女也认为父母是比配偶更值得信任和依靠的,双方之间这样的关系并没有因为子女的婚姻而发生改变。泽利泽[③]认为,世界并不会分为亲密与经济相互隔离的两个领域或层面。中国的家庭中,子女即使结婚后也会接受父母经济上的资助,且双方认为这是亲密关系中应当体现的部分。父母与子女双方均无法从这样的依赖关系中脱离,子女依然在婚后接受来自父母的经济支持和生活责任分担,致使无法完成真正意义上的反哺,父母也会照旧参与和"插手"子女生活中的事务。

---

① 费孝通. 乡土中国·生育制度·乡土重建[M]. 北京:商务印书馆,2011:40.
② 沈奕斐. 个体化与家庭结构关系的重构[D]. 上海:复旦大学,2010:31.
③ 泽利泽. 亲密关系的购买[M]. 姚伟,刘永强,译. 上海:上海人民出版社,2009:14.

第7章 结论与展望

在这样的背景下，体制内女性群体在生育选择上首先面临了代与代之间生育观念上的碰撞。父母与子女的生育文化差异体现在性别偏好与生育动机的不同。此外，在中国的家庭中，女性和老人是照顾孩子的主要承担者，在日常生活中，照料和教育理念的差异也会产生摩擦。而在与受访者的交流中，体制内女性更强调自我的感受，她们也更在意婆媳间或与父辈间的文化出现差异时哪一方更能占据主动。

其次，夫妻间的亲密关系也是家庭维度中非常重要的因素。与配偶的实际婚姻状态和相互观念认同度对体制内女性的生育意愿与生育行为有着非常大的影响。在受访者的表述中，我们可以发现生育二胎的女性绝大多数与丈夫的婚姻非常稳定，幸福指数也很高。而一部分人在子女性别观念和生育动机层面与丈夫存在分歧，导致了两人的理想子女数出现了差异。

3. 个人主观态度

在研究结论中，生育动机偏向保守和传统态度的体制内女性，其理想子女数和实际子女数都偏高。这表明，选择生育多个孩子和意愿生育多个孩子的体制内女性，其生育观念和动机都偏向保守，也说明现阶段新型主流生育文化缺乏让体制内女性同化及内化"多生育孩子"的价值观体系。此外，多数生育一个孩子的女性表示，只生一个孩子对于其自身和家庭都是正好的。这说明，主观认同"一个孩子就足够"也是影响意愿生育二孩和实际生育二孩的重要因素。

在访谈中，我们发现如若谈及"为了孩子再生一个孩子"这样的生育动机，许多体制内育龄女性还是颇为动容的和感慨的。她们承认自己是独生子女，所以在成长过程中还是体会到了一个孩子家庭的孤单，如果自己只生一个孩子，那么自己的孩子也会如自己一样体会这份孤独。从2013年到2015年，在短短两年时间内，国家的生育政策就从"单独二孩"快速升级到"全面二孩"。这在一定程度上反映出国家对增加二孩生育的某种期待。然而，无论是前两年"单独二孩"政策的实施效果，还是最近两年全国出生人口略有减少的现实，或许都在暗示：现有一孩育龄人群的二孩生育水平还没有达到政策所期望的高度。因此，政府相关部门和学术界除了要大力研究和探讨导致一孩育龄人群不想生育二孩的各种原因外，还应该深入研究和探讨一孩育龄人群中那些愿意生育二孩的人的根本动机是什么。

7.2 政策的优化方向

7.2.1 个体层面

个体在生育过程中的决定权和能动作用是至关重要的。本研究关注的体制内女性群体在生育选择时体现出个体的自主性与计划性，其生育意愿和实际生育行为与个体背景、家庭情况和主观观念密切相关。结合本研究的发现，应从体制内女性群体的个体层面提出如下对策。

1. 内化新时期的生育观念

时代的变化让生育对于女性及其家庭的意义也随之发生了改变。个体意识的兴起使女性在生育决策过程中表达意见的愿望和能力都大大增强，并从自我的角度出发衡量生育孩子的成本与自己及家庭的承担是否契合。但全面二孩政策的实施不仅从国家向个人释放了生育第二个孩子的权利，还自上而下地更新了对生育的态度观念。体制内女性应当理解新时期"生育两个孩子"的内涵和意义，并内化生育两个孩子对个体家庭和国家社会的价值，增强个人的团体意识。

2. 树立正确育儿价值观

在研究的结论中，影响生育意愿及生育行为的因素之一是育儿观念的多样性。育儿消费的奢侈化和育儿方式的强化性为女性及其家庭徒增了非常多的压力。面临市场上的多元选择，体制内女性应根据自己的收入情况合理适度地给孩子消费。此外，体制内女性群体应树立正确的育儿价值体系，化繁为简，回归最本质的需求，寻找最合适的途径。

3. 建立社会责任感

我国全面二孩政策的目的是为了改善摆脱当前的"低生育率""低生育意愿"的困境，合理调整人口结构。人口形势的变化对于国家、自然环境和社会环境都存在着非常大的影响，鼓励生育二孩不仅仅是个人层面的生育增权，也是为了解决社会层面上的负担。社会层面劳动力市场的二元结构使体制内群体在我国占有相当高的比例，呼吁体制内女性群体建立社会责任感，从集体意识的角度提供生育二孩的意义和价值能从一定程度上鼓励和说服体制内女性选择生育二胎。

7.2.2 社会层面

从社会层面的角度出发，全面二孩政策在体制内女性群体中的落实需要社会风气和企业制度的共同作用。

1. 社会风气

在分析体制内女性的生育意愿和行为时，我们需首先注重社区在影响人们生育观时的重要作用。社区为个体及其家庭提供了一个关系网络，整体网络中的生育观念和文化能深深作用于女性的生育意愿和实际生育行为。因此，在这一层面研究提供了宣传视角的对策。一方面，社区应从"幸福感提升"出发，为生育孩子打造深入人心的温暖的价值观。这可以让体制内女性群体更易接受并认同，唤起内心对幸福家庭生活的渴望。另一方面，可以从"给子女一个伴儿"的角度出发，为我们更有效地促进育龄人群生育二孩提供另一种思路和一个新的口号。利用这个观念，让体制内女性充分认识这一生育观念和动机的意义，用温情的、动人的观念激发个体内在的母性。生育文化的宣传可以在潜移默化中逐步打造一个新的社会文化环境，从而帮助育龄女性逐转变生育动机，形成新的、有利于生育两个孩子的生育观念。

2. 企业层面

单位制时期的经验告诉我们，单位对女性在生育和抚养过程中的庇护与分担为女性的生育提供了便利条件，减轻了经济和日常照顾中的压力。因此，从企业组织的角度出发，我们首先希望企业在产假方面能适当延长并为体制内女性群体的生育设立补助和奖励机制。其次，用人单位在就医方面为女性职工提供帮助。企业可以与地方医院联系，设置固定体检、产检和生产就医点，让女性在就医时能缓解排队的压力和减少对医院医生的不信任。

7.2.3 国家层面

中国全面二孩政策的实施后，只有 2016 年的出生人口创下了 2000 年以来的新高，而 2017 年和 2018 年这股生育"热度"开始冷却，出生人口大幅降低。本研究结果表明，生育数量较少的重要原因是生育子女的机会成本较高。当前，我国全面放宽二孩生育政策，仅仅放宽了对生育的限制，并没有解决当前中国居民低生育意愿背后的诉求。因此，依照上述背景，国家应在体制内女性的实际生育中提供如下对策。

1. 配套设施优化升级

全面二孩生育政策的优化，应率先考虑对生育政策配套设施的优化升级。通过对体制内女性的访谈，我们可以发现，现阶段公立学校和幼儿园的减少增加了教育的成本；医院环境和诊疗的差异让三甲医院人满为患，社区和专科医院却乏人问津；日常照料的负担让女性在孩子3岁以前都分身乏术，职业女性需要更多的专业的托儿机构来缓解这一困难。因此，在配套公共设施层面，国家首先要多建立公立学校和幼儿园，这样可以避免因孩子上学困难必须选择私立教育机构而增加的成本负担。第二，国家应改善居民特别是孕妇产妇的就医环境，加强妇女儿童医院等专业生育机构建设，设立女性和孕妇产妇的绿色通道，增强群众对社区医院和专科医院的信任，减少乱收费的现象。第三，建立公共托幼体系，让3岁以前的孩子白天能得到专业的让人可以信赖的照料，分担职业女性的照料压力。第四，国家应准许并督促体制内企业建立日托、幼儿园或是健康指导部门，让体制内女性群体享受到上述措施，减轻负担，从而能放心地选择生育。

2. 基本产假制度的改进和福利补助的提升

根据OECD的国际研究经验，OECD国家鼓励生育政策体系主要涵盖保障休假、经济补贴、托幼服务、女性就业支持等四个方面。其中，产假制度的延长和改进显得尤为重要。因此，国家应对女性的基本产假时间进行延长，同时延长配偶的陪产假时间。抑或施行男女双方轮休的产假制度，让配偶分担女性的日常照料压力，也能增强亲子之间的互动。此外，国家还应当对产妇的福利补助进行提升，除了报销生产的部分费用，也应该对休产假的女性进行部分的补助，增强女性的生育意愿。

3. 关注体制内群体女性的需求

房价的攀升，教育成本的提高，医疗费用的上涨及"四二一"家庭结构的养老重担等为职业女性的生育带来了经济压力和生活负担。国家应针对体制内女性的实际需求为这一特殊职业性质的群体制定相关的政策。此外，在受访者的表述中，可以发现，体制内女性在生育期间尽管职业生涯不会受到影响，但是会面临产假休满后回到单位无岗位的情况，甚至有人因此等待一年之久，只能赚底薪。这从侧面反映了，职业女性生育以后回归劳动力市场面临的巨大困难。国家应针对这个现象制定方针政策，让职业女性在生育后能顺利回归工作岗位，保障女性的就业权益。

4. 考虑立即全面开放并鼓励生育

根据 2019 年中国生育报告的内容，全面二孩政策的实施效果没有达到预期，2018 年出生人口或降至 1 500 万以下，即减少 13% 以上，总和出生率降至 1.5% 以下。[1] 面对如此凸出的人口问题和即将出现的严峻形势，我们呼吁国家全面放开生育，并鼓励居民的生育意愿。

7.3 研究的未来议题

本研究通过对体制内女性群体的生育意愿与实际生育行为的分析与考察，探求影响二者的客观因素与主观因素。研究同时依据她们理想子女数与现实子女数的差异，分析了意愿与行为差异形成的原因，并结合个案访谈从个体、家庭和生育观念等角度进行总结。本研究希望能为体制内女性的生育意愿和生育行为的研究做出些许贡献，也希望能从个体、社会和国家的维度为全面二孩政策的优化提供些许依据和帮助。在本研究中还有几个方面需要在未来进一步的完善和探索。

第一，本研究的分析为探索式的研究模式，在未来需要对体制内女性的生育问题做出更深入的探究，其中包含：对体制内女性群体的细化比较；对家庭维度进行更全面深入的访问；在生育成本的消费上做出更细致的比较等。

第二，本研究使用的是定量研究和定性研究结合的方法，量化部分由于受数据的限制，样本和受访者的近期情况需进一步更新。未来进一步的研究将结合更新版本的数据对体制内女性群体的生育意愿和生育情况进行探索，并发掘意愿与行为的变化过程。

第三，未来研究将借鉴西方国家成功的生育政策经验，结合中国实际情况和家庭结构，对体制内女性群体进行分析并寻找更好的政策优化方向。

---

[1] 渐行渐近的人口危机——中国生育报告 2019. http://money.163.com/19/0102/11/E4GVMQEL00258105.html.

参考文献

A. 中文图书

[1]班杜拉. 社会学习理论[M]. 陈欣银，李伯秉，译. 北京：中国人民大学出版社，2015.

[2]巴比. 社会研究方法基础[M]. 邱泽奇，译. 北京：华夏出版社，2002.

[3]比尔基埃，朱伯尔，雪如兰，等. 家庭史[M]. 袁树仁，姚静，肖桂，等译. 北京：生活·读书·新知三联书店，1998.

[4]吉登斯. 社会学(第五版)[M]. 北京：北京大学出版社，2011.

[5]吉登斯. 现代性与自我认同[M]. 北京：生活·读书·新知三联书店，1998.

[6]米尔斯. 社会学的想象力[M]. 陈强，张永强，译. 北京：生活·读书·新知三联书店，2010.

[7]特纳. 身体与社会[M]. 马海良，赵国新，译. 沈阳：春风文艺出版社. 2000.

[8]陈盛莉，张世琨. 当代择偶与生育意愿研究——2002年城乡居民生育意愿调查[M]. 北京：中国人口出版社，2003.

[9]陈胜利，魏津生，林晓红. 中国计划生育与家庭发展变化[M]. 北京：人民出版社，2002.

[10]陈强. 高级计量经济学及Stata应用(第二版)[M]. 北京：高等教育出版社，2014.

[11]波普诺. 社会学[M]. 李强，等译. 北京：中国人民大学出版社，2007.

[12]切尔. 家庭生活的社会学[M]. 彭铟妮，译. 北京：中华书局，2005.

[13]法拉奇. 给一个未出生孩子的信[M]. 上海：三联书店，2010.

[14]戴蓓芬. 福柯主体理论及其女性主义应用[M]. 北京：清华大学出版社，2019.

[15]费孝通. 乡土中国·生育制度·乡土重建[M]. 北京：商务印书馆，2011.

第7章　结论与展望

[16] 风笑天. 社会研究方法[M]. 北京：高等教育出版社，2006.

[17] 卡夫卡. 致父亲[M]. 北京：华文出版社，2017.

[18] 弗洛伊德. 梦的解析[M]. 杭州：浙江文艺出版社，2016.

[19] 古斯塔夫·勒庞. 乌合之众——大众心理研究[M]. 北京：中国妇女出版社，2017.

[20] 顾宝昌. 社会人口学的视野——西方社会人口学要论选择[M]. 北京：商务印书馆，1992.

[21] 顾宝昌，马小红，茅倬彦. 二孩，你会生吗？生育意愿、生育行为和生育水平关系研究[M]. 北京：社会科学文献出版社，2014.

[22] 陈桐生. 国语[M]. 北京：中华书局，2013.

[23] 阿伦特. 人的境况[M]. 王寅丽，译. 上海：上海世纪出版社，2009.

[24] 吉登斯. 社会的构成[M]. 李康，等译. 北京：中国人民大学出版社，2016.

[25] 贝克尔. 家庭论[M]. 王献生，王宇，译. 北京：商务印书馆，2011.

[26] 希林. 身体与社会理论[M]. 李康，译. 北京：北京大学出版社，2010.

[27] 贝利. 现代社会研究方法[M]. 许真，译. 上海：上海人民出版社，1986.

[28] 李银河. 生育与村落文化[M]. 呼和浩特：内蒙古大学出版社，2009.

[29] 刘霓. 西方女性学——起源、内涵与发展[M]. 北京：社会科学文献出版社，2001.

[30] 刘少杰. 国外社会学理论[M]. 北京：高等教育出版社，2012.

[31] 刘少杰. 后现代西方社会学理论(第二版)[M]. 北京：北京大学出版社，2014.

[32] 刘少杰. 当代国外社会学理论[M]. 北京：中国人民大学出版社，2009.

[33] 刘建军. 单位中国：社会调控体系重构中的个人、组织与国家[M]. 天津：天津人民出版社，2000.

[34] 卢淑华. 社会统计学[M]. 北京：北京大学出版社，1998.

[35] 龙应台. 孩子你慢慢来[M]. 桂林：广西师范大学出版社，2014.

[36] 龙应台. 亲爱的安德烈[M]. 桂林：广西师范大学出版社，2013.

[37] 陆学艺. 当代中国社会阶层研究报告[M]. 北京：社会科学文献出版社，2002.

[38] 莫顿. 社会理论和社会结构[M]. 唐少杰，齐心，等译. 北京：译林出版社，2010.

[39] 吕亚军. 欧盟层面家庭政策研究[M]. 北京：经济科学出版社，2009.

[40] 佩恩. 现代社会工作理论[M]. 何雪松，张宇莲，程福财，等译. 上海：华东理工大学出版社，2005：170.

[41] 赫特尔. 变动中的家庭：跨文化的透视[M]. 杭州：浙江人民出版社，1988.

[42] 孟子[M]. 万丽华，蓝旭，译注. 中华书局，2016.

[43]墨子[M].方勇,译注.北京:中华书局,2015.

[44]孟子[M].万丽华,蓝旭,译注.北京:中华书局,2013.

[45]尼采.苏鲁支语录[M].徐梵澄,译.北京:商务印书馆,1991.

[46]埃利亚斯.个体的社会[M].上海:译林出版社,2003.

[47]戈夫曼.日常生活中的自我呈现[M].冯钢,译.北京:北京大学出版社,2008.

[48]特纳.社会学理论的结构(上)[M].邱泽奇,译.北京:华夏出版社,2001.

[49]特纳.社会学理论的结构(下)[M].邱泽奇,译.北京:华夏出版社,2001.

[50]威特.社会学的邀请[M].林聚任,等译.北京:北京大学出版社,2008.

[51]秦启文,周永康.角色学导论[M].北京:中国社会科学出版社,2011.

[52]沙吉才.当代中国妇女家庭地位研究[M].天津:天津人民出版社,1995.

[53]沈奕斐.被建构的女性——当代社会性别理论[M].上海:上海人民出版社,2005.

[54]宋林飞.西方社会学理论[M].南京:南京大学出版社,2000.

[55]孙立平.现代化与社会转型[M].北京:北京大学出版社,2005.

[56]孙隆基.中国文化的深层结构[M].北京:中信出版社,2015.

[57]苏勇,何智美.组织行为学[M].上海:上海人民出版社,2009.

[58]谭琳,陈卫民.女性与家庭社会性别视角的分析[M].天津:天津人民出版社,2001.

[59]田雪原,陈胜利.生育文化研究[M].北京:中国财政经济出版社,2006.

[60]田毅鹏,吕方."单位共同体"的变迁与城市社区重建[M].北京:中央编译出版社,2014.

[61]佟新.人口社会学[M].北京:北京大学出版社,2010.

[62]佟新.社会性别研究导论:两性不平等的社会机制分析[M].北京:北京大学出版社,2007.

[63]童星.现代社会学理论新编[M].南京:南京大学出版社,2003.

[64]王丰,顾宝昌.八百万人的实践——来自二孩生育政策地区的调研报告[M].北京:社会科学文献出版社,2009.

[65]王广州,胡耀玲,张丽萍.中国生育政策调整[M].北京:社会科学文献出版社,2013.

[66]古德.家庭[M].魏章玲,译.北京:社会科学文献出版社,1986.

[67]泽利泽.亲密关系的购买[M].姚伟,刘永强,译.上海:上海人民出版社,2009.

[68]贝克.风险社会[M].何博闻,译.上海:译林出版社,2003.

[69]波伏娃.第二性[M].郑克鲁,译.上海:上海译文出版社,2011.

第7章 结论与展望

[70] 奚从清. 角色论：个人与社会的互动[M]. 杭州：浙江大学出版社，2010.

[71] 谢宇. 回归分析(修订版)[M]. 北京：社会科学文献出版社，2013.

[72] 谢宇. 社会学方法与定量研究(第二版)[M]. 北京：社会科学文献出版社，2012.

[73] 萧爽. 永宪录[M]. 北京：中华书局，1997.

[74] 徐天琪. 人口政策概论[M]. 杭州：杭州大学出版社，1993.

[75] 阎云翔. 中国社会的个体化[M]. 陆洋，译. 上海：上海译文出版社，2012.

[76] 杨云彦. 人口转型期的计划生育利益导向机制建设[M]. 武汉：武汉大学出版社，2013.

[77] 杨菊华，谢永飞. 人口社会学[M]. 北京：中国人民大学出版社，2016.

[78] 杨菊华. 社会统计分析与数据处理技术——STATA 软件的应用[M]. 北京：中国人民大学出版社，2008.

[79] 杨菊华. 数据管理与模型分析：STATA 软件应用[M]. 北京：中国人民大学出版社，2012.

[80] 杨善华. 家庭社会化[M]. 北京：高等教育出版社，2006.

[81] 杨善华，谢立中. 西方社会学理论(上卷)[M]. 北京：北京大学出版社，2005.

[82] 杨善华，谢立中. 西方社会学理论(下卷)[M]. 北京：北京大学出版社，2005.

[83] 杨宜音. 中国社会心理学评论(第一辑)[M]. 北京：社会科学文献出版社，2005.

[84] 叶光辉，杨国枢. 中国人的孝道——心理学的分析[M]. 重庆：重庆大学出版社，2009.

[85] 俞可平. 治理与善治[M]. 北京：社会科学文献出版社，2000.

[86] 袁方. 社会研究方法教程(重排本)[M]. 北京：北京大学出版社，2013.

[87] 郑杭生. 社会学概论新修(第四版)[M]. 北京：中国人民大学出版社，2013.

[88] 周晓虹. 中国体验——全球化、社会转型与中国人社会心态的嬗变[M]. 北京：社会科学文献出版社，2017.

[89] 朱秋莲. 新中国人口生育政策变迁研究[M]. 长沙：湖南师范大学出版社，2015.

B. 中文期刊文献

[1] 陈卫. 改革开放 30 年与中国的人口转变[J]. 人口研究，2008(06)：18-29.

[2] 陈卫，靳永爱. 中国妇女生育意愿与生育行为的差异及其影响因素[J]. 人口学刊，2011(02)：3-13.

[3] 陈钟翰，吴瑞君. 城市较高收入群体生育意愿偏高的现象及其理论解释——基于上海

的调查[J]. 西北人口，2009，30(06)：54-57.

[4]大渊宽，森冈仁，张真宁. 生育率经济学(一)——贝克尔的创建及其先驱者[J]. 人口与经济，1988(02)：16-18.

[5]段文婷，江光荣. 计划行为理论述评[J]. 心理科学进展，2008(02)：315-320.

[6]风笑天. "单独二孩"：生育政策调整的社会影响前瞻[J]. 国家行政学院报，2014(05)：57-62.

[7]风笑天. 青年个体特征与生育意愿——全国12城市1 786名在职青年的调查分析[J]. 江苏行政学院学报，2009(04)：62-68.

[8]风笑天. 生育政策潜在人口的结构及其二孩生育意愿——对两项大规模调查结果的分析[J]. 江苏行政学院学报，2015(06)：54-61.

[9]风笑天. 给孩子一个伴：城市一孩育龄人群的二孩生育动机及其启示[J]. 江苏行政学院学报，2018(04)：57-65.

[10]风笑天. 为什么不生二孩：对城市一孩育龄人群的调查与分析[J]. 河北学刊，2018，38(06)：180-187.

[11]风笑天，王晓焘. 从独生子女家庭走向后独生子女家庭——"全面二孩"政策与中国家庭模式的变化[J]. 中国青年社会科学，2016(02)：47-53.

[12]风笑天，张青松. 二十年城乡居民生育意愿变迁研究[J]. 市场与人口分析，2002(05)：21-31.

[13]葛晓萍. 中国现阶段城乡居民生育观念的差异分析[J]. 西北人口，2004(02)：5-7.

[14]顾宝昌. 论生育和生育转变：数量、时间和性别[J]. 人口研究，1992(06)：1-7.

[15]顾宝昌. 生育意愿、生育行为和生育水平[J]. 人口研究，2011(02)：43-59.

[16]郭剑雄. 人力资本、生育率与城乡收入差距的收敛[J]. 中国社会科学，2005(03)：27-37.

[17]郝娟，邱长溶. 2000年以来中国城乡生育水平的比较分析[J]. 南方人口，2011，26(05)：27-33.

[18]侯佳伟，黄四林，辛自强，等. 中国人口生育意愿变迁：1980—2011[J]. 中国社会科学，2014(04)：78-97.

[19]胡静. 收入、相对地位与女性的生育意愿[J]. 南方人口，2010，25(04)：3-9.

[20]姜玉，庄亚儿. 生育政策调整对生育意愿影响研究——基于2015年追踪调查数据的发现[J]. 西北人口，2017，38(03)：33-37.

[21]解韬，郭未，罗松盛. 社会结构完整性与生育制度——费孝通先生《生育制度》的阅读

第 7 章 结论与展望

启示[J]. 人口与发展, 2010(03): 101-106.

[22] 金一虹. 社会转型中的中国工作母亲[J]. 学海, 2013(02): 56-63.

[23] 赖立里, 戴媛媛. 多重身体: 辅助生殖技术实践的人类学观察[J]. 妇女研究论丛, 2022(06): 32-42.

[24] 李路路. "单位制"的变迁与研究[J]. 吉林大学社会科学学报, 2013(01): 11-14.

[25] 李建民. 生育理性和生育决策与我国低生育水平稳定机制的转变[J]. 人口研究, 2004(06): 2-18.

[26] 李建新, 苏文勇, 张月云. 中国当代育龄妇女生育意愿分析——以江苏6县市调查为例[J]. 南京人口管理干部学院学报, 2011, 27(02): 21-26.

[27] 李建新. 中西部农村地区人口计划生育调查之分析[J]. 人口学刊, 2006(05): 53-58.

[28] 李建新, 骆为祥. 生育意愿的代际差异分析: 以江苏省为例[J]. 中国农业大学学报, 2009, 26(03): 21-30.

[29] 李明建. 从婚姻、家庭、生育到社会[J]. 法制与社会, 2008(21): 227.

[30] 李银河, 陈俊杰. 个人本位、家本位与生育观念[J]. 社会学研究, 1993(02): 87-96.

[31] 李卫东, 尚子娟. 男孩偏好作为一种生育文化的生产与再生产[J]. 妇女研究论丛, 2012(02): 36-43.

[32] 李志, 兰庆庆. 二孩政策背景下生育压力与生育倾向的调查研究[J]. 科学决策, 2017(04): 18-37.

[33] 李彧白. 生育事件中女性的身体经验与具身实践基于在甘南藏族自治州的调研[J]. 社会, 2020, 40(06): 157-185.

[34] 林晓珊. 母职的想象: 城市女性的产前检查、身体经验与主体性[J]. 社会, 2011, 31(05): 133-157.

[35] 刘传辉, 何兴邦. 体制内身份、生育选择和全面二孩政策优化——来自中国的证据[J]. 四川师范大学学报(社会科学版), 2016, 43(06): 98-105.

[36] 刘吕江洪, 黄宝凤, 石盛林. 一孩与二孩家庭育龄妇女生育意愿比较[J]. 人口学刊, 2013(01): 36-43.

[37] 刘婷婷. 阻力与助力: 工作——家庭冲突对城市职业女性二孩生育意愿的影响[J]. 河北学刊, 2018(06): 187-193.

[38] 刘汶蓉, 徐安琪. 生养孩子的非经济成本研究——以上海为例[J]. 青年研究, 2006(10): 25-33.

[39] 卢海阳, 邱航帆, 郑逸芳. 女性二胎生育意愿的影响因素研究——基于就业性质和养

老观念的视角[J]. 南方人口, 2017, 32(03): 55-68.

[40] 马小红, 亚非. 北京市独生子女及"双独"家庭生育意愿及变化[J]. 人口与经济, 2008(01): 15-18.

[41] 茅倬彦. 生育意愿与生育行为差异的实证分析[J]. 人口与经济, 2009(02): 16-22.

[42] 茅倬彦, 罗昊. 符合二胎政策妇女的生育意愿和生育行为差异——基于计划行为理论的实证研究[J]. 人口研究, 2013, 37(01): 84-93.

[43] 穆峥, 谢宇. 生育对父母主观幸福感的影响[J]. 社会学研究, 2014(06): 124-147.

[44] 闵杰. "全面二孩"政策背景下在业女性的生育支持与生育选择——以黑龙江省为例[J]. 黑龙江社会科学, 2018(06): 76-82.

[45] 潘丹, 宁满秀. 收入水平、收入结构与中国农村妇女生育意愿——基于CHNS数据的实证分析[J]. 南方人口, 2010, 25(03): 45-50.

[46] 彭玉生. 当正式制度与非正式规范发生冲突: 计划生育与宗族网络[J]. 社会, 2009, 29(01): 37-65.

[47] 乔晓春. 关于21世纪中国生育政策研究的思考[J]. 人口研究, 1999(03): 1-9.

[48] 乔晓春. "单独二孩"生育政策的实施会带来什么——2013年生育意愿调查数据中的一些发现[J]. 人口与计划生育, 2014(03): 18-22.

[49] 乔晓春. 从"单独二孩"政策执行效果来看未来生育政策的选择[J]. 中国人口科学, 2015(02): 26-33.

[50] 乔晓春. "单独二孩"政策的利与弊[J]. 人口与社会, 2014(01): 3-6.

[51] 覃民, 李伯华, 齐嘉楠. 育龄妇女生育意愿对生育行为影响的纵向追踪研究[J]. 中国计划生育学杂志, 2010, 18(09): 519-521.

[52] 石智雷, 杨云彦. 符合"单独二孩"政策家庭的生育意愿与生育行为[J]. 人口研究, 2014, 38(05): 27-40.

[53] 宋健, 陈芳. 城市青年生育意愿与行为的背离及其影响因素——来自4个城市的调查[J]. 中国人口科学, 2010(05): 103-110.

[54] 宋月萍, 陈蓉. 生育政策对出生性别比的影响: 一个微观实证分析[J]. 人口研究, 2009(03): 44-49.

[55] 谭雪萍. 成本-效用视角下的单独二胎生育意愿影响因素研究——基于徐州市单独家庭的调查[J]. 南方人口, 2015, 30(02): 1-12.

[56] 田立法, 荣唐华, 张馨月, 等. "全面二孩"政策下农村居民二胎生育意愿影响因素研究[J]. 人口与发展, 2017(04): 104-112.

第7章 结论与展望

[57] 田毅鹏,陈凤楼.单位制变迁背景下城市生育管理控制模式的转换[J].河北学刊,2018(05):176-182.

[58] 万益,李昀.后解构的女性主体性:在"现"与"后"之间游走[J].广西大学学报(哲学社会科学版),2012,34(01):84-88.

[59] 汪民安,陈永国.身体转向[J].外国文学,2004(01):36-44.

[60] 王广州,张丽萍.到底能生多少孩子——中国人的政策生育潜力估计[J].社会学研究,2012(05):119-140.

[61] 王军,王广州.中国育龄人群的生育意愿及其影响估计[J].中国人口科学,2013(04):26-35.

[62] 王铭铭.人口再生产:从《生育制度》到实践理论[J].社会科学战线,1997(05):224-232.

[63] 王树新.人口与生育政策变动对代际关系的影响[J].人口与经济,2004(04):9-14.

[64] 王树新.北京城市妇女生育观的转变[J].人口与经济,1994(01):42-46.

[65] 王天宇,彭晓博.社会保障对生育意愿的影响:来自新型农村合作医疗的证据[J].经济研究,2015(02):103-117.

[66] 王文卿,潘绥铭.男孩偏好的再考察[J].社会学研究,2005(06):165-193.

[67] 文军.身体意识的觉醒:西方身体社会学理论的发展与反思[J].华东师范大学学报(哲学社会科学版),2008,40(06):73-81.

[68] 伍海霞,李树茁,悦中山.城镇外来农村流动人口的生育观念与行为分析——来自深圳调查的发现[J].人口研究,2006(01):61-68.

[69] 吴莹,卫小将,杨宜音.谁来决定"生儿子"?——社会转型中制度与文化对女性生育决策的影响[J].社会学研究,2016,31(03):170-192.

[70] 吴帆.生育意愿研究:理论与实证[J].社会学研究,2020,35(04):218-240.

[71] 吴愈晓,王鹏,黄超.家庭庇护、体制庇护与工作家庭冲突——中国城镇女性的就业状态与主观幸福感[J].社会学研究,2015,30(06):122-144.

[72] 吴小英.主妇化的兴衰——来自个体化视角的阐释[J].南京社会科学,2014(02):62-68.

[73] 吴小英.市场化背景下性别话语的转型[J].中国社会科学,2009(02):163-176.

[74] 吴小勇.个性化生育时代的到来:人格与生育行为的关系[J].心理研究,2018(06):540-548.

[75] 谢晶婷.城乡育龄妇女生育意愿的差异及其影响因素——基于鄂州、黄石、仙桃的实

证研究[J]. 中南财经政法大学研究生报, 2010(01): 46-53.

[76] 谢永飞, 刘衍军. 流动人口的生育意愿及其变迁——以广州市流动人口为例[J]. 人口与经济, 2007(01): 54-57.

[77] 徐映梅, 李霞. 农村外出妇女的生育意愿分析——基于鄂州、黄石、仙桃三地数据[J]. 南方人口, 2010, 25(02): 51-57.

[78] 徐安琪. 夫妻权力和妇女家庭地位的评价指标: 反思与检讨[J]. 社会学研究, 2005(04): 134-152.

[79] 尹勤, 温勇, 宗占红, 等. 常州市育龄人群生育意愿及影响因素[J]. 南京人口管理干部学院学报, 2006(02): 40-43.

[80] 杨丽, 孙志敏. 不孕不育女性患者创伤后成长与社会支持应对方式的相关性探讨[J]. 黑龙江中医药, 2019, 48(06): 126-127.

[81] 杨菊华, 陈卫, 陶涛, 等. 生育政策与出生性别比的失衡相关吗?[J]. 人口研究, 2009, 33(03): 32-52.

[82] 杨菊华. 意愿与行为的背离: 发达国家生育意愿与生育行为研究述评及对中国的启示[J]. 学海, 2008(01): 27-37.

[83] 杨菊华. 中国的"最低生育率"全球视角和地方视角的思考[J]. 中国研究, 2009(02): 1-33.

[84] 杨菊华. 生育意愿、生育行为和生育水平的三重悖离[J]. 人口研究, 2011(02): 43-59.

[85] 杨谦, 邵新顺. 班杜拉社会学习理论视角中的马克思主义大众化[J]. 学术论坛, 2011(05): 25-28.

[86] 姚从容, 吴凡, 李建民. 我国城乡居民生育意愿调查研究综述: 2000—2008[J]. 人口学刊, 2010(02): 17-22.

[87] 尹勤, 温勇, 宗占红, 等. 常州市育龄人群生育意愿及影响因素[J]. 南京人口管理干部学院学报, 2006(02): 40-43.

[88] 于海. 结构化的行动, 行动化的结构——读吉登斯《社会的构成: 结构化理论大纲》[J]. 社会, 1998: 46-47.

[89] 余成普, 李宛霖, 邓明芬. 希望与焦虑: 辅助生殖技术中女性患者的具身体验研究[J]. 社会, 2019, 39(04): 84-115.

[90] 翟振武, 张现苓, 靳永爱. 立即全面开放二胎政策的人口学后果分析[J]. 人口研究, 2014(03): 3-17.

第 7 章 结论与展望

[91] 张云鹏. 试论吉登斯结构化理论[J]. 社会科学阵线，2005(04)：274-277.

[92] 张金荣，李文祥. 中国文化演进中的亲子传承模式转换研究[J]. 吉林大学社会科学学报，2006(05)：89-93.

[93] 张勇，尹秀芳，徐玮. 符合"单独二孩"政策城镇居民的生育意愿调查[J]. 中南财经政法大学学报，2014(05)：14-19.

[94] 张晓青，黄彩虹，张强，等."单独二孩"与"全面二孩"政策家庭生育意愿比较及启示[J]. 人口研究，2016(01)：69-70.

[95] 赵小华. 女性主体性：对马克思主义妇女观的一种新解读[J]. 妇女研究论丛，2004(04)：10-15.

[96] 赵方杜. 身体社会学：理解当代社会的新视阈[J]. 华东理工大学学报(社会科学版)，2012，27(04)：27-35.

[97] 赵方杜，侯钧生. 论身体社会学的产生与思考[J]. 理论与现代化，2010(02)：98-104.

[98] 郑杭生. 也谈社会学基本问题[J]. 社会学研究，2001(05)：111-117.

[99] 郑震. 论身体[J]. 社会学研究，2003(01)：52-59.

[100] 郑真真. 生育意愿研究及其现实意义——兼以江苏调查为例[J]. 学海，2011(02)：10-18.

[101] 郑真真. 中国育龄妇女的生育意愿研究[J]. 中国人口科学，2004(05)：73-138.

[102] 郑真真. 低水平下的生育意愿研究[J]. 江苏社会科学，2008(02)：170-177.

[103] 钟晓华."全面二孩"政策实施效果的评价与优化——基于城市"双非"夫妇再生育意愿的调查[J]. 中国行政管理，2016(07)：127-131.

[104] 周俊山，尹银，潘琴. 妇女地位、生育文化和生育意愿——以拉萨市为例[J]. 人口与经济，2009(02)：61-66.

[105] 周志山，许大平. 基于实践活动的使动性和制约性——吉登斯二重性学说述议[J]. 浙江师范大学学报(社会科学版)，2002(05)：65-69.

[106] 周晓虹. 冲突与认同：全球化背景下的代际关系[J]. 社会，2008(02)：20-38.

[107] 周云. 以日本为例看生育意愿和生育水平[J]. 人口研究，2011(02)：53-59.

[108] 朱奕蒙，朱传奇. 二孩生育意愿和就业状况——基于中国劳动力动态调查的证据[J]. 劳动经济研究，2015(05)：110-128.

[109] 蒋功成. 章炳麟与西方遗传学说在近代中国的传播[J]. 自然辩证法研究，2009，25(08)：86-90.

[110] 庄亚儿，姜玉，王志理，等. 当前我国城乡居民的生育意愿——基于 2013 年全国生

育意愿调查[J]. 人口研究, 2014, 38(03): 3-13.

[111]庄亚儿, 姜玉, 李伯华. 全面两孩政策背景下中国妇女生育意愿及其影响因素——基于2017年全国生育状况抽样调查[J]. 人口研究, 2021, 45(01): 68-81.

[112]庄渝霞. 西方生育决策研究概述——来自经济学、社会学和心理学的集成[J]. 国外社会科学, 2009(04): 74-80.

[113]左际平. 从婚姻历程看中国传统社会中家庭男权的复杂性[J]. 妇女研究论丛, 2012(03): 12-21.

C. 学位论文

[1]李玉柱. 低生育水平地区生育观念和生育行为分析——来自江苏五县的调查[D]. 北京: 中国社会科学院, 2011.

[2]范燕燕. "正常"分娩: 剖腹产场域中的身体、权力与医学化[D]. 金华: 浙江师范大学, 2014.

[3]沈奕斐. 个体化与家庭结构关系的重构[D]. 上海: 复旦大学, 2010.

[4]夏颖. 从社会抚养费的征收看中国农村孩子成本——效益分析[D]. 北京: 中国人民大学, 2004.

[5]张新洁. 收入差距、子女需求及生育行为差异——对中国不同收入阶层居民生育行为差异的分析[D]. 济南: 山东大学, 2017.

[6]张正云. 中国生育政策的差异性研究[D]. 长春: 吉林大学, 2016.

[7]周苑. "单独二孩"生育意愿及其影响因素研究[D]. 南京: 南京大学, 2015.

D. 外文著作

[1] PHYLLIS A. The unfinished liberation of Chinese women: 1949-1980 [M]. Bloomington Indiana: Indiana University Press, 1983.

[2] PRESCOTT A. East Asia in the world: an introduction [M]. New York: Routledge, 2015.

[3] APPLE, RIMA D. Perfect motherhood: science and childbearing in America[M]. New Brunswick: Rutgers University Press, 2006.

[4] BAKER, HUGH D R. Chinese family and kinship[M]. New York: Columbia University Press, 1979.

[5] BECKER G S. A treatise on the family[M]. Cambridge, Mass: Harvard University

Press, 1981.

[6] BECKER G S. An economic analysis of fertility, demographic and economic change in developed countries[M]. New York: Columbia University Press, 1960.

[7] DOUGLAS M. Natural symbols: explorations in cosmology [M]. London: Cresset, 1970.

[8] GISKIN H, WALSH B S. An instruction to Chinese culture through the family[M]. New York: State University of New York Press, 2001.

[9] BLUMBERG R L. Gender, family and economy: the triple overlap[M]. London: Sage Publications, 1990.

[10] GIDDENS A. The consequences of modernity[M]. Stanford, CA: Stanford University Press, 1991.

[11] SUSAN L G. Chinese visions of family and state, 1915-1953[M]. Oakland: University of California Press, 2003.

[12] GRAHAM A, GRAHAM C. Families, households and society[M]. New York: Palgrave, 2001.

[13] HARRIS S R. The meanings of marital equality[M]. New York: State University of New York Press, 2006.

[14] SHARON H. The cultural contradictions of motherhood[M]. New Haven: Yale University Press, 1996.

[15] HEWLETT S A. Creating a life: professional women and the quest for children[M]. New York: Talk Miramax Books, 2002.

[16] FARQUHAR J, LOCK M. Beyond the body proper: reading the anthropology of material life[M]. Durham: Duke University Press, 2007.

[17] BRENT C M. Family research methods[M]. London: Sage Publications, 1986.

[18] KUNIKO M. The creative ddge: emerging individualism in Japan[M]. New York: Routledge, 1991.

[19] PARSONS. The social system[M]. New York: Free Press, 1951.

[20] EASTERLIN R A. The economics and society of fertility: a synthesis in C. Tilly(ed.) historical studies of changing fertility [M]. New Jersey: Princeton University Press, 1978.

[21] BROWN R. A natural science of society[M]. New York: Free Press, 1948.

[22]ENGLAND R. Aging China: the demographic challenge to China's economic prospects (the Washington papers)[M]. San Francisco: Praeger, 2005.

[23]GREENHALGH S, WINKLER E A. Governing china's population[M]. Redwood City: Stanford University Press, 2005.

[24]DAPHNE S, SUSANNE M B. Balancing Act: motherhood, marriage, and employment among America women[M]. New York: Russell Sage Foundation, 1996.

[25]FONG V L. Only hope: coming of age under China's one-child policy[M]. Redwood City: Stanford University Press, 2004.

E. 外文文献

[1]AJZEN I. The theory of planned behavior, organizational behavior and human decision processes[J]. Journal of Leisure Research, 1991, 50(2).

[2]AIZEN I, KLOBAS J. Fertility intentions: an approach based on the theory of planned behavior[J]. Demographic research, 2013(29): 8.

[3]ADSERA A. An economic analysis of the gap between desired and actual fertility: the case of Spain[J]. Review of economics of the household, 2006, 4(1): 75-95.

[4]BERRINGTON A, PATTARO S. Educational differences in fertility desires, intentions and behavior: a life course perspective[J]. Advances in Life Course Research, 2014, 21: 10-27.

[5]BACHRACH C A, MORGAN S P. A cognitive-social model of fertility intentions[J]. Population and development review, 2013, 39(3): 459-485.

[6]BRACHER M, SANTOW G. Fertility desires and fertility outcomes[J]. Journal of population research (Canberra, A. C. T.), 1991, 8(1): 33-49.

[7]BERRINGTON A, PATTARO S. Educational differences in fertility desires, intentions and behavior: a life course perspective[J]. Advances in Life Course Research, 2014(21): 10-27.

[8]BONGAARTS J. Fertility and reproductive preferences in post-transitional societies[J]. Population and development review, 2001, 27(supp): 260-281.

[9]BUDIG M J, HODGES M J. Differences in disadvantage: variation in the motherhood penalty across white women's earnings distribution[J]. American sociological review, 2010, 75(5): 705-728.

[10] BRACHER M, SANTOW G. Fertility desires and fertility outcomes[J]. Journal of population research (Canberra, A. C. T.), 1991; 8(1): 33-49.

[11] CAI Y. An assessment of China's fertility level using variable – r method[J]. Demography, 2008, 45(2): 271-282.

[12] DAY C, ROSS. Guest fertility and female wages: a new link via house prices[J]. Economic Modelling, 2016, 53: 121-132.

[13] FRANCESCA F. Economic insecurity and the fertility intentions of Italian women with one child [J]. Population Res Policy Rev, 2013, (32): 373-413.

[14] FOSTER C. The limits to low fertility: a biosocial approach[J]. Population and development review, 2000; 26(2): 209-234.

[15] FOX B. Reproducing difference: changes in the lives of partners becoming parents[J]. In M. Luxton(ed.), Feminism and Families. Halifax, NS: Fernwood, 1997, 142-161.

[16] FOX B. Feminism on family sociology: interpreting trends in family life: feminism on family sociology[J]. The Canadian Review of Sociology, 2015, 52(2): 204-211.

[17] GARDINER J. Women's domestic labour[J]. New Left Reviewer, 1975(1): 89.

[18] HAGEWEN K J, MORGAN S P. Intended and ideal family size in the United States, 1970-2002[J]. Population and development review, 2005, 31(3): 507-527.

[19] HEATON T B, JACOBSON C K, HOLLAND K. Persistence and change in decisions to remain childless[J]. Journal of marriage and family, 1999, 61(2): 531-539.

[20] HEILAND F, PRSKAWETZ A, SANDERSON W C. Are individuals' desired family sizes stable? Evidence from West German panel data [J]. European journal of population, 2008, 24(2): 129-156.

[21] LIEFBROER A C. Changes in family size intentions across young adulthood: a life-course perspective[J]. European journal of population, 2009, 25(4): 363-386.

[22] IACOVOU M, SKEW A J. "Household structure in the EU", Colchester: University of Essex[J]. ISER Working Paper, 2010: 10.

[23] JOHANSSON S, NYGREN O. The missing girls of China: a new demographic account [J]. Population & Development Review, 1991, 17(1): 35-51.

[24] KEIM S, KLÄRNER A, BERNARDI L. Qualifying social influence on fertility intentions: composition, structure and meaning of fertility-relevant social networks in western Germany[J]. Current sociology, 2009; 57(6): 888-907.

[25]LESTHAEGHE R, CALDVELL P. The culture dynamics and economic theories of fertility change[J]. Population and Development Review, 1988, 14(01): 1-45.

[26]LUTZ W. Future reproductive behavior in industrialized countries[J]. The Future Population of The World, 1994, 253-277.

[27]MERLI M G, MORGAN S P. Below replacement fertility preferences in Shanghai[J]. Population (English ed.: 2002), 2011, 66(3/4): 519-542.

[28]MILLER W, PASTA D. How does childbearing affect fertility motivations and desires? [J]. Social Biology, 1995, 42(3-4): 185-198.

[29]MILLER W, PASTA D. Behavior intentions: which ones predict fertility behavior in married couples? [J]. Journal of Applied Social Psychology, 1995, 25(6): 530-555.

[30]MILLER W B, PASTA D J. Motivational and nonmotivational determinants of child-number desires[J]. Population and Environment, 1993, 15(2): 113-138.

[31]TESTA M R, GRILLI L. The influence of childbearing regional contexts on ideal family size in Europe[J]. Population (English ed.: 2002), 2006, 61(1): 99.

[32]MIRIAM M, MOLINA J A, ALBERTO, et al. The effect of culture on the fertility decisions of immigrant women in the United States[J]. Economic Modelling, 2018, 70(1): 15-28.

[33]OLNECK M R, WOLFE B L. A note on some evidence on the Easterlin hypothesis[J]. The Journal of political economy, 1978, 86(5): 953-958.

[34]MITCHELL D, GRAY E. Declining fertility: intentions, attitudes and aspirations[J]. Journal of sociology (Melbourne, Vic.), 2007, 43(1): 23-44.

[35] NIE Y, WYMAN R. J. The one-child policy in Shanghai: acceptance and internationalization[J]. Population and Development Review, 2005, 31(3): 313-336.

[36]XIZHE P. Major determinants of China's fertility transition[J]. The China quarterly (London), 1989, 117(117): 1-37.

[37]SATHAR Z, CROOK N, CALLUM C, et al. Women's status and fertility change in Pakistan[J]. Population & Development Review, 1988, 14(3): 415-432.

[38]RODGERS J L, HUGHES K, KOHLER H, et al. Genetic influence helps explain variation in human fertility: evidence from recent behavioral and molecular genetic studies[J]. Current directions in psychological science: a journal of the American psychological society, 2001, 10(5): 184-188.

[39] ROTKIRCH A. All that she wants is a(nother) baby? longing for children as a fertility incentive of growing importance[J]. Journal of evolutionary psychology (Budapest), 2007, 5(1): 89-104.

[40] TOWNES B D, BEACH L R, CAMOBELL F L, et al. Family building: a social psychological study of fertility decisions[J]. Population and environment, 1980, 3(3/4): 210-220.

[41] RICHARD J U. Do couples make fertility plans one birth at a time?[J]. Demography, 1983, 20(02): 117-128.

[42] UPADHYAY U D, GIPSON J D, WITHERS M, et al. Women's empowerment and fertility: a review of the literature[J]. Social science & medicine, 2014, 115: 111-20.

[43] LAVY V, ZABLOTSKY A. Women's schooling and fertility under low female labor force participation: evidence from mobility restrictions in Israel[J]. Journal of public economics, 2015, 124: 105-121.

[44] VITALI A, BILLARI F C, PRSKAWETZ A, et al. Preference theory and low fertility: a comparative perspective[J]. European journal of population, 2009, 5(4): 413-38.

[45] WESTON R, QU L X, PARKER R, et al. 'It's not for lack of wanting kids…' a report on the fertility decision making project[J]. Australian Institute of Family Studies, Research report, 2004, 24(2): 16.

[46] WOLF A. Options for fertility policy transition in China[J]. Population and Development Review, 2007, 33(2): 255-276.

[47] FENG X T, POSTON D, WANG X T. China's one-child policy and the changing family[J]. Journal of Comparative Family Studies, 2014, 45(1): 17-29.

附录一　访谈提纲

1. 不考虑政策的因素，您意愿生育几个孩子？
2. 请问您是否打算生育二胎？
3. 请问您认为影响您实际生育二胎行为的最主要因素是什么？
4. 请问您所处的生活环境会对您的生育决策造成影响吗？
5. 请问您的工作性质和工作环境会对您的生育意愿产生影响吗？
6. 请问生育孩子会对您的家庭和职业产生哪些影响？
7. 请问您认为"养儿防老""传宗接代""家庭延续""幸福感提升"对于您和您的家庭来说哪个更能体现生育的意义？
8. 请问您更喜欢女孩还是男孩？
9. 您希望工作单位在将来为女性生育提供哪些配套设施或者福利？
10. 如果可能，您将对二孩政策提出哪些建议？

附录二　访谈对象基本情况列表

编码	化名	性别	出生年份	民族	籍贯	部门	已育子女数
SY001	ZXH	女	1983	汉族	吉林省吉林市	工程部	2
SY002	LYN	男	1986	汉族	吉林省长春市	市场部	1
SY003	MPR	男	1982	汉族	吉林省公主岭市	市场部	1
SY004	KWF	男	1985	汉族	甘肃省民勤	实验室	1
SY005	SY	男	1981	汉族	吉林省长春市	实验室	1
SY006	WMC	男	1990	汉族	黑龙江哈尔滨市	实验室	1
SY007	ZJY	女	1990	汉族	辽宁省盘锦市	实验室	1

编码	化名	性别	出生年份	民族	籍贯	部门	已育子女数
SY008	YMH	男	1990	汉族	吉林省长春市	实验室	1
SY009	CC	女	1989	汉族	吉林省长春市	实验室	1
SY010	QK	男	1988	汉族	吉林省桦甸市	实验室	1
SY011	XDS	男	1983	汉族	黑龙江青冈县	实验室	1
SY012	QXR	女	1989	汉族	河北省沧州市	实验室	1
SY013	SXL	女	1985	汉族	山西省太原市	实验室	1
SY014	SJ	女	1984	汉族	辽宁省锦州市	工程部	1
SY015	ZGY	男	1980	汉族	河北省保定市	市场部	1
SY016	QZF	女	1977	汉族	吉林省长春市	技术部	1
SY017	YYM	女	1989	汉族	吉林省吉林市	市场部	1
SY018	LHY	女	1978	汉族	吉林省长春市	市场部	2

附录二 访谈对象基本情况列表

编码	化名	性别	出生年份	民族	籍贯	部门	已育子女数
SY019	HXH	女	1983	汉族	吉林省长春市	市场部	1
SY020	QMJ	女	1984	汉族	河北省石家庄市	技术部	2
SY021	GS	女	1980	汉族	湖南省怀化市	技术部	2
SY022	TC	女	1982	汉族	吉林省长春市	工程部	2
SY023	LYP	女	1983	汉族	吉林省榆树市	技术部	2
SY024	DL	女	1989	汉族	吉林省长春市	实验室	2
SY025	YY	女	1989	汉族	吉林省长春市	技术部	2
SY026	SJP	女	1986	满族	吉林省辽源市	技术部	2
SY027	LJB	女	1983	汉族	吉林省舒兰市	技术部	2
SY028	XJK	女	1981	汉族	黑龙江省鹤岗市	实验室	1
SY029	DQ	女	1987	汉族	吉林省长春市	实验室	1

编码	化名	性别	出生年份	民族	籍贯	部门	已育子女数
SY030	ML	女	1985	汉族	吉林省松原市	实验室	1
SY031	LJY	女	1988	汉族	吉林省白山市	工程部	1
SY032	LZP	女	1982	汉族	辽宁省铁岭市	工程部	1
SY033	HSF	女	1989	汉族	吉林省松原市	市场部	1
SY034	HSN	女	1990	汉族	吉林省长春市	工程部	1
SY035	SJN	女	1984	汉族	吉林省九台市	市场部	1
SY036	LX	女	1988	汉族	吉林省辽源市	实验室	0
SY037	SSY	女	1987	满族	吉林省白山市	技术部	0
SY038	ZY	女	1991	汉族	吉林省长春市	市场部	0

后记一

当得知自己的博士论文能出办成著作之时,心中既欢喜,又感到慰藉。在博士的学习阶段,从开始的基础理论学习,到选择研究主题并认真进行研究,再到博士顺利答辩毕业,能将所学所研究行文且出版,虽有辛苦万千但也深感值得。

在书稿的整理过程中,出版社的专家老师提出了中肯的、全面的评价以及客观的修改意见。客观来讲,本书是笔者浅显地对于体制内女性生育意愿与生育行为的研究和探讨,能得到出版社老师的研究评价和建议真的深感受益匪浅。在曾经的研究阶段,笔者还未曾体会生育之于女性、之于母亲的意义,当时的研究心境也不算成熟,研究的层次深度也停留在较为粗浅、较为表面的程度。而书稿的修改阶段,笔者已经成为一名母亲,对于生育意愿和生育行为的理解分析也有了更多的思索。

本研究的调研从 2016 年开始直到 2019 年完成,期间获得了数位师长和前辈的指导。在选择数据来源时,笔者阅读了若干大型社会数据调查的问卷,比对内容与研究主题的契合程度后,选择了 CFPS 中国家庭追踪调查这个项目数据。为有效理解并使用该数据库的数据,笔者曾多次听取调查项目有关的讲座,并在历年的中国社会学年会中前往 CFPS 相关主持的分论坛听取其他社会科学研究者的研究经验,学习数据库的使用操作分析。后续的个案访谈中,更是获得了同门师姐成婧及姐夫张光远的支持。在此,我要感谢他们二位协助我联系并选择调研对象,并给予我实际调研中的鼓励与学术方面的帮助。此外,笔者还要向在选题和写作方面给予我丰富意见的恩师张金荣老师，以及哲学社会学院的田毅鹏教授、林兵教授、王文彬教授和崔月琴教授表示感谢。他们为我的研究提供了非常有价值、非常仔细且非常客观的评审意见，给予了我在理论方面和数据分析方面的指导，肯定了我在学习和研究中的每一分努力。

"不积跬步，无以至千里。"

学习研究的阶段性成果让笔者在社会科学学习与研究的领域中获得了自信，并找到了未来努力的方向。研究的不足也点燃了笔者在今后的科研中对研究主题有关范畴深入思考与探析的热忱。

最后，笔者仅以此书作为礼物献给恩师、献给伙伴、献给家人，更要献给我即将满周岁的儿子璟言！

沈　笛

2023 年 3 月 31 日凌晨 于家中

后记二

（附博士论文致谢）

逝者如斯，五载社会学博士研究之路将已，回顾求学历程，于心有戚戚焉。曾记初涉学科之时，不谙理论之广之深，难寻课题切入之点。每逢师长传道授业，亦不能全然晓喻。然承蒙各位恩师不弃，常关切所思，循循善诱，倾囊相授毕生之所学，言传身教研究之真理。谆谆恩德未可计，不知何以报答。

余三生幸之入张师门下，恩师名讳上金下荣，少有才名。尝师从名家，刻苦钻研，于哲学学科颇有建树，后协助社会科学学科创设，执教以来，博学而日参省也。恩师重学识积累，注满腔热忱于研究之内，孜孜不倦，正襟而治，虽时而欠安康健，仍不曾怠也。余初涉社会科学，恩师寄以殷切厚望，赋以知遇之恩。每每点拨理论，言用深入浅出之法，如庖丁解牛，醍醐灌顶。求学若载，受先生之助，构建知识体系，探究论文课题，虽愚钝于他人，迂回曲折，终将完成所求。自拜至恩师门下，为其身体力行所动容，视学生如己出，且策且爱。字斟句酌于论文修改，细细标注，标点符号亦然。余以此陋文，求博士之学位，不胜惶恐。师更重学生所感，关切生活点滴，每逢佳节恐学生思亲，必致电安慰，加以抚之。吾受师德而沐，不觉博士生活清苦，若遇难以解惑之事，求恩师人情练达之指点，平稳而渡。师恩深深，难以忘怀，投之以木瓜，日后报之以琼瑶。匪报也，永以为好也！

忆同窗深情深斥，感恩与佳朋相识，志同道合。诸君相助于学业之困，聆听生活点滴之难，未曾厌也。浩翼君相助于诸多琐事，亲力亲为，不论计报。刘博君与广文君时常论己所学，深感其用功，社会学思考受助于二人，难表衷谢。珮瑶吾妹惠心纨执，聪明伶俐，学识堪比咏絮之才，实为女士。学得贵师，亦得贵友，诸多恩朋不于此列举，高山流水之谊终不敢忘。

予近而立之年，自咿呀学步至今，承父母养育之恩，受其品德之导。正所谓父母之爱子女，则为之计深远。因其无私之付，女儿终得偿所愿。然白驹过隙，吾求学若载，双亲已逾知天命之年，竟不察二人双鬓微霜，容颜渐改。本人论文之选题，得灵感于母亲往事，因其时政单位之事，憾失第二子，常以此事深感愧欠。余以二孩政策为背景，完成此作，今献以母亲，赞其爱之伟大。学业既成，难忘爱人相伴，读书岁月，因伉俪情深得以缓释压力与焦虑。自成婚以来，受夫君疼爱，颇感欣慰，以为婚姻坟墓为之谬论。

笔行至此，泪湿衣衫。由衷而言，以虔诚之心谢上列诸君。悟已往之不谏，知来者之可追。未知之途，因此难忘过往而将易行。